上合经贸研究

第一辑

主编 马林刚

中国海洋大学出版社

·青岛·

图书在版编目（CIP）数据

上合经贸研究 . 第一辑 / 马林刚主编 . -- 青岛：
中国海洋大学出版社，2024. 3
ISBN 978-7-5670-3848-6

Ⅰ. ①上… Ⅱ. ①马… Ⅲ. ①上海合作组织－对外经
贸合作－研究 Ⅳ. ①F752. 8

中国国家版本馆 CIP 数据核字（2024）第 089997 号

出版发行	中国海洋大学出版社			
社　　址	青岛市香港东路 23 号		邮政编码	266071
出 版 人	刘文菁			
网　　址	http://pub.ouc.edu.cn			
订购电话	0532－82032573（传真）			
责任编辑	滕俊平		电　　话	0532－85902342
印　　制	青岛国彩印刷股份有限公司			
版　　次	2024 年 3 月第 1 版			
印　　次	2024 年 3 月第 1 次印刷			
成品尺寸	170 mm ×230 mm			
印　　张	11. 25			
字　　数	140 千			
印　　数	1—1 000			
定　　价	98. 00 元			

发现印装质量问题，请致电 0532-58700166，由印刷厂负责调换。

编 委 会

序 言

　　上海合作组织（以下简称"上合组织"）自2001年成立以来，已走过20多年的历程，逐渐发展成为覆盖全球人口最多、地域最广、潜力巨大的综合性区域组织。2021年9月17日，习近平主席在上海合作组织成员国元首理事会第二十一次会议上宣布，"中方将设立中国-上海合作组织经贸学院，助力本组织多边经贸合作发展"。2022年1月13日，中国-上海合作组织经贸学院（以下简称"上合组织经贸学院"）在青岛成立。该学院以中国-上海合作组织地方经贸合作示范区为推进主体，以青岛大学为实施主体，设立理事会，实行理事会领导下的院长负责制。青岛大学勇担国家使命，与理事单位一道，突出国际化、市场化、创新性办学特色，聚焦"人员培训、人才培养、智库建设、科技合作"四大领域，着力培养熟悉上合组织国家国情、通晓国际规则、服务"一带一路"倡议的创新型经贸人才，建设服务上合组织的高端国际智库平台，开展全方位、多层次国际交流与合作，为上合组织国家和共建"一带一路"国家经济合作提供了重要支撑。

　　作为上合组织经贸学院的实施主体，青岛大学成立了上合组织经贸学院办公室，统筹协调上合组织经贸学院有关工作。学校还整合校内外优势资源，成立了上合研究院、"一带一路"研究院、上合经贸研究中心、上合经贸法律服务研究院等众多平台，旨在集聚海内外众多专家、学者，针对上合组织国家经济、社会、文化各领域开展研究，并为国际组织、党和国家机关、企事业单位积极建言献策。

《上合经贸研究》是青岛大学集专家、学者之智推出的智库成果之一，整理了国内外专家、学者在上合组织国家有关政策法规、对外贸易、金融投资、科技合作等领域的研究成果，通过探讨上合组织成员国的对外政策、贸易变化、合作机制、安全格局等理论研究和实践问题，旨在帮助各成员国的政府机关、各类企事业单位及相关国际组织进一步了解问题，掌握情况，管控分歧，凝聚共识，更好地推动双边和多边经济、文化、安全等领域的合作与发展。

实践证明，上海合作组织是开拓周边外交新局面、探索区域合作新范式、塑造地缘政治新格局、推动构建命运共同体的重要平台，为创新区域合作提供了成功范例。在新时代新征程上，我们将高质量推动上合组织经贸学院建设，深入开展面向上合组织和共建"一带一路"国家的教育合作，着力培养熟悉上合组织国家国情、通晓国际规则、服务"一带一路"倡议的创新型经贸人才，打造具有上合特色和国际影响力的一流经贸学院，为推动构建人类命运共同体贡献力量。

青岛大学党委书记

2023 年 12 月

目 录

理论研究

3　上海合作组织重大战略决策及其对世界和中国经济的影响探析
…………………………………………………………秦　梦　苏志伟

13　"一带一路"视域下高质量推动中国-上海合作组织经贸学院建设的
思考…………………………………………………………马林刚　鲍文胜

24　对新格局、新形势下上海合作组织面临的挑战与机遇的再认识
…………………………………………………………张晓婧　鲍江南

36　上海合作组织发展及其影响研究………………………………曹芳郅

对外贸易

49　全球冲击背景下上合组织贸易网络抗毁性分析………………李　欣

64　2022年中国对上合组织其他成员国贸易指数分析报告………魏　宏

72　2023年1—8月山东省对上合组织其他成员国进出口分析报告
…………………………………………………………杨　柳　张　坤

法治研究

77 国际营商合规治理与合规风险控制法律问题 ……………… 王 瀚

90 "一带一路"数字经济法治化的逻辑、困境与应对 ……………… 陈 喆

投资合作

109 购买力平价在中国与共建"一带一路"国家之间是否成立？
——基于面板 KSS 检验的证据 ……………… 王凯华

122 新形势下上合组织成员国间的投资合作问题分析及发展建议
……………… 孙吉乐 李佳怡

146 2001—2021 年上合组织成员国外商直接投资对环境可持续性的
影响研究 ……………… 王小青

访谈资讯

161 彰显上合示范区高能级平台作用,建设"一带一路"全方位合作桥
头堡
——专访中国–上海合作组织地方经贸合作示范区党工委委员、管
理委员会副主任郝国新

项目推介

169 青岛·上合之珠国际博览中心

理论研究

上海合作组织重大战略决策及其对世界和中国经济的影响探析

秦　梦(青岛大学马克思主义学院,山东青岛 266071)

苏志伟(青岛大学经济学院,山东青岛 266555)

摘要: 自 2001 年成立以来,上海合作组织始终坚持团结协作,形成了坚实的法律框架和互动机制,并与其他国际组织和机构建立了合作关系,成为维护地区安全稳定和促进发展繁荣的重要建设性力量。本文分析了上海合作组织的发展历程,继而剖析其对世界及中国经济的深远影响。从世界范围看,该组织通过推动地区经济一体化、参与全球经济治理、发展新兴产业以及加强人文交流等对世界经济产生积极影响。从中国范围看,该组织通过提供区域经济合作平台、良好的合作机制以及创造新发展机遇等为中国经济发展提供强劲动力。

关键词: 上海合作组织;战略决策;世界经济;中国经济

一、引言

20 世纪 90 年代,中亚地区面临的恐怖主义、极端主义和分离主义等治安威胁增加,使得当时的中国、俄罗斯、哈萨克斯坦、吉尔吉斯斯坦、塔吉克斯坦和乌兹别克斯坦六个国家意识到有必要加强合作以维护地区稳定和安全。国界争端和领土纠纷是导致局势紧张的因素之一,联合起来成立合作组织可以通过对话和协商解决纷争,维护边境地区的和平与稳定。① 同时,这个地区拥有丰富的能源资源和潜力巨大的市场,各成员国希望通过加强经济合作实现互利共赢。② 在此背景下,2001 年 6 月 15 日,上述六国在上海举行会议,正式宣布成立上海合作组织。

作为区域性国际组织,上海合作组织自成立以来在促进成员国之间的合作与交流方面发挥了重要作用。随着全球化与区域经济一体化的不断发展,上海合作组织的地位和影响力逐渐提升。③ 本文旨在从重大战略规划的角度分析上海合作组织的发展历程,并进一步探讨其对世界经济的影响。

二、上海合作组织的发展历程

(一)"上海五国"阶段

上海合作组织的前身是"上海五国"机制。1996 年 4 月 26 日,中国、俄罗斯、哈萨克斯坦、吉尔吉斯斯坦、塔吉克斯坦五国元首在上海

---

① 朱杰进,何越. 走向多边:上海合作组织的政治起源[J]. 俄罗斯研究,2023(3):48-67.

② 阎德学. 上海合作组织经济合作:成就、启示与前景[J]. 国际问题研究,2021(3):85-106.

③ 王晨星. 上海合作组织提升全球治理能力的挑战与路径[J]. 新视野,2021(6):110-116;李孝天,陈小鼎. 上海合作组织参与地区安全治理的特征、限制与改进路径[J]. 太平洋学报,2021,29(9):30-42.

会晤,建立"上海五国"机制,签署了《关于在边境地区加强军事领域信任的协定》。1997 年,"上海五国"元首第二次会晤在莫斯科举行,五国签署了《关于在边境地区相互裁减军事力量的协定》。1999 年,"上海五国"第四次元首会晤发表了《比什凯克声明》。2000 年,"上海五国"第五次元首会晤在杜尚别举行,期间时任国家主席的江泽民同志提出了"睦邻互信、平等互利、团结协作、共同发展"的十六字"上海五国"精神。[①]

"上海五国"机制为成员国提供了在地区事务中协商和解决争端的机会,加强了成员国之间的政治互信、互利合作和人文交流,增进了地区的相互了解和友好关系,维护了地区的和平与发展。[②]"上海五国"机制的成功经验为上海合作组织的成立奠定了良好的基础。[③]

(二)上海合作组织的成立与早期发展

2001 年 6 月 15 日,中国、俄罗斯、哈萨克斯坦、吉尔吉斯斯坦、塔吉克斯坦和乌兹别克斯坦六国元首在上海签署了《上海合作组织成立宣言》,宣布上海合作组织正式成立。成立上海合作组织是为了应对地区的治安威胁、解决边界纷争问题。初期的上海合作组织以打击"三股势力"(恐怖主义、极端主义和分裂主义)为主要目标,并致力于地区

---

① 携手并进,继续推动"上海五国"进程向前发展[N].上海日报,2000-7-6(1).

② 赵华胜."上海五国"机制的形成及特点[J].国际观察,2001(2):1-6;郭兴朝."上海五国"合作机制的现状与前景[J].亚非纵横,2001(2):1-4.

③ 苗华寿.从"上海五国"机制到"上海合作组织"[J].和平与发展,2001(3):25-28,57-58.

安全和稳定的合作。① 同年,上海合作组织成员国签署《打击恐怖主义、分裂主义和极端主义上海公约》,明确了对于恐怖主义、分裂主义和极端主义的态度和合作原则,为组织成员间的安全合作奠定了基础。2002 年 6 月,上海合作组织成员国签署了《上海合作组织宪章》,确立了上海合作组织的组织结构、目标和原则,为组织的发展奠定了法律基础。

(三)扩员与合作深化阶段

1. 扩展合作

上海合作组织成立以来,成员数量不断增加(表 1)。上海合作组织通过了一系列关于扩大进程的法律文件,为上海合作组织的扩员打下了坚实的法律基础,这些文件主要包括《上海合作组织观察员条例》(2004 年)、《上海合作组织对话伙伴条例》(2008 年)、《给予上海合作组织成员国地位程序》(2014 年)和《关于申请国加入上海合作组织义务的备忘录范本》(修订案)(2014 年)等。2004 年,蒙古国成为上海合作组织第一个观察员国;2005 年,在上海合作组织阿斯塔纳第五次元首峰会上,伊朗、巴基斯坦、印度被批准获得观察员国地位;2009 年,上海合作组织接受斯里兰卡和白俄罗斯为首批对话伙伴国;2012 年,土耳其成为对话伙伴国,阿富汗成为观察员国;2015 年,上海合作组织乌法峰会决定给予白俄罗斯观察员国地位,吸纳阿塞拜疆、亚美尼亚、柬埔寨和尼泊尔为对话伙伴国,并启动接收印度和巴基斯坦加入上海合作组织程序;2017 年,上海合作组织完成首次扩员,印度和巴基斯坦正

---

① 庞大鹏. 上海合作组织二十年:发展历程与前景展望[J]. 人民论坛·学术前沿,2021(15):92-102;朱杰进,何越. 走向多边:上海合作组织的政治起源[J]. 俄罗斯研究,2023(3):48-67.

式成为上海合作组织成员；2023 年，阿联酋、科威特、缅甸、马尔代夫、巴林正式获得上海合作组织对话伙伴国地位，伊朗作为新成员加入上海合作组织。由此，上海合作组织已形成"9+3+14"组织架构，即 9 个正式成员国、3 个观察员国和 14 个对话伙伴国。

表 1　上海合作组织成员国、观察国及对话伙伴国变化（2001—2023 年）

年份	成员国	观察国	对话伙伴国
2001	中国、俄罗斯、哈萨克斯坦、吉尔吉斯斯坦、塔吉克斯坦、乌兹别克斯坦	—	—
2004	—	蒙古国（首个）	—
2005	—	+伊朗、巴基斯坦、印度	—
2009	—	—	斯里兰卡、白俄罗斯（首批）
2012	—	+阿富汗	+土耳其
2015	—	+白俄罗斯	−白俄罗斯 +阿塞拜疆、亚美尼亚、柬埔寨、尼泊尔
2017	+印度、巴基斯坦（首次扩员）	−印度、巴基斯坦	—
2022	—	—	+沙特阿拉伯、埃及、卡塔尔
2023	+伊朗	−伊朗	+阿联酋、科威特、缅甸、马尔代夫、巴林

注："+"代表新加入，"−"代表退出，"—"代表无。

2. 国际影响力显著提升

2017 年，印度和巴基斯坦加入上海合作组织，意味着该组织实现了一次重大飞跃,即将南亚次大陆纳入框架,在中华文明、斯拉夫文明和突厥文明三大板块外增加了印度文明新板块,并凸显了伊斯兰文明的分量,进而使上海合作组织超越意识形态和文明差异,体现出其他区域组织所缺乏的丰富性和多元性。[①]2023 年,伊朗作为新成员加入上海合作组织,这是上海合作组织成立 22 年来的又一里程碑。伊朗的加入使上海合作组织在地缘政治维度上将中东重要一极纳入朋友圈。[②]至此,上海合作组织成员国增至 9 个,这 9 个成员国的人口已经接近世界人口的一半,领土总面积超过欧亚大陆总面积的 60%,GDP大约占全球的 25%,已是全球人口和面积均为第一的区域组织,极大地改变了现有世界格局。

三、上海合作组织对世界经济的影响

作为一个重要的区域性组织,上海合作组织通过加强成员国之间的经济合作,推动了亚欧地区的经济发展和区域一体化进程,对世界经济格局产生了深远影响。

(一)地区经济一体化推动世界经济增长

作为一个以政治、经济和军事合作为目标的组织,上海合作组织在促进地区经济一体化方面发挥了巨大作用。成员国之间通过建立自由贸易区、推动互联互通项目、加强能源合作等手段,不仅提高了地区经济的互补性,还为世界经济增长提供了动力。首先,通过降低贸

① 李进峰. 上海合作组织扩员:机遇和挑战并存 [J]. 欧亚经济,2017(5):8-13.

② 陈小鼎,李珊. 制度认同:扩员后上海合作组织的发展动力 [J]. 当代亚太,2022(3):91-120,153-154;郭曼若. 伊朗加入上合组织:作用力、影响及挑战 [J]. 俄罗斯东欧中亚研究,2023(3):20-39,157-158.

易壁垒,上海合作组织成员国之间的贸易往来得以迅速增长,从而推动了世界贸易的繁荣。同时,地区内的基础设施建设,特别是"一带一路"倡议下的交通、能源和通信项目,为世界经济发展注入了新活力。[①]其次,上海合作组织成员国的能源合作对全球能源市场产生了显著影响。中亚地区丰富的石油和天然气资源为成员国提供了可靠的能源供应,有助于稳定全球能源价格,为世界经济提供了稳定的能源支持。

(二)跨区域合作助力全球治理

作为一个由非西方国家组成的地区国际组织,上海合作组织在推动地区经济一体化的同时,也在推动全球治理体系变革、践行多边主义、加强与其他国际组织和地区组织合作等方面发挥了积极作用,为全球治理提供了新的思路和路径。[②]一方面,上海合作组织与世界贸易组织、亚洲开发银行等国际经济组织建立了良好的合作关系,共同参与全球经济治理,维护多边贸易体系。另一方面,上海合作组织加强与其他地区组织的合作,如东盟、欧亚经济联盟,共同应对全球经济挑战,为世界经济稳定发展提供有力支持。

(三)新兴产业发展助推世界经济转型

上海合作组织成员国在新能源、数字经济、高端制造等新兴产业方面取得了显著成果。这些产业的发展不仅推动了成员国经济的转型升

---

① 江思羽,袁正清."一带一路"倡议与上海合作组织:理念嵌入与合作实践[J].俄罗斯东欧中亚研究,2023(4):1-22.

② 王晨星.上海合作组织提升全球治理能力的挑战与路径[J].新视野,2021(6):110-116;邓浩.大变局下上海合作组织的新使命[J].当代世界,2022(10):33-38;严双伍,毛鉴明.人类命运共同体语境下的上海合作组织发展问题研究[J].学术探索,2022(7):29-35.

级,还为全球经济转型提供了新动能。例如,中国在新能源、电子信息产业、高铁等领域取得了世界领先的技术成果,这些技术在成员国中得到广泛应用,推动了区域内的产业转型升级;同时,这些技术的输出也为全球经济结构调整提供了新方向。此外,上海合作组织成员国间的技术交流和合作,为创新型企业提供了广阔的市场空间,有助于培育全球竞争力强的创新型企业,推动经济的高质量发展。

(四)人文交流促进文化多元性

上海合作组织成员国之间的人文交流,为世界经济发展提供了软实力支持。交流活动主要涵盖教育、文化、旅游等领域,这些领域的合作促进了人才流动和人力资源的有效配置,推动地区经济协同发展;还有助于增进各成员国人民的友谊,增强文化多元性,例如,上海合作组织成员国在旅游领域的合作,为全球旅游业提供了新的增长点。成员国推动旅游便利化,吸引更多国际游客,从而提升旅游产业的竞争力,为世界经济增长贡献力量。同时,文化交流活动的举办,如电影节、艺术节,有助于促进各成员国文化的传播和交流,推动世界多元文化的发展。

四、上海合作组织对中国经济的影响

作为上海合作组织的创始成员国之一,中国在该组织中发挥了重要作用。同时,上海合作组织的发展也为中国提供了更多的合作平台和机遇,进而对中国经济产生深远影响。

(一)上海合作组织为中国提供了一个重要的区域经济合作平台

上海合作组织成立20多年来,在制度建设、贸易、金融合作等领域取得了丰硕成果,通过举办经贸论坛、商务论坛和投资合作论坛等活

动,促进了成员国之间的政治互信,增强了中国与成员国之间在互联互通建设、能源、农业和金融等领域的合作与交流。通过加强区域内的产业协同和资源优化配置,上海合作组织为中国提供了一个与其他成员国加强经济联系的平台,进一步拓展了与周边国家的经济联系,同时还为中国企业提供了更为广阔的市场空间,极大地促进了经济的发展。更重要的是,中国可以在上海合作组织框架内进一步拓展市场、深化经济结构改革,推动经济高质量发展以及区域经济的繁荣。

(二)上海合作组织的经贸合作为中国提供了良好的合作机制

上海合作组织通过经济合作条约和辅助性法律文件的签署,为中国与成员国间的双边、多边经济合作提供了支持和保障,这些文件在构建合作平台、引导合作以及服务经济和社会发展方面发挥着重要作用。一方面,上海合作组织的经贸合作条约为成员国提供了一个共同的法律框架,为中国企业开展国际贸易提供了法律保护,增强了中国企业的国际竞争力。另一方面,上海合作组织还为成员国提供了一个合作共享的机制,例如,成立上海合作组织地区经济合作积分银行,从而进一步推动中国与成员国间经济的多边合作。更重要的是,通过签署自贸协定、投资保护协定和交通基础设施建设合作协议等,推动了中国与成员国间的经济一体化进程。

(三)上海合作组织为中国创造新的发展机遇

作为一个重要的区域合作组织,上海合作组织为中国提供了更多的发展机遇。通过与上海合作组织成员国的合作,中国可以更好地利用各成员国的资源和市场,提升投资效率,促进基础设施建设,扩大贸易规模,推动金融合作,进而为中国经济发展提供强劲动力。其一,中国通过对上海合作组织成员国的投资,加强了区域经济联系,推动了投资效率的提升,尤其是在"一带一路"倡议下,中国的投资效率比倡议实施前有所提高,这反映了政策的有效性。其二,上海合作组织成员国之间加强了基础设施建设的合作,中国可以与上海合作组织成员国在交通、能源等领域展开合作,共同推进基础设施建设,提升区域内的互联互通水平,促进贸易和经济发展。其三,上海合作组织在区域经济发展方面走出了一条切合地区发展的新路,通过减少非关税壁垒、简化贸易手续和加强海关合作等措施,推动成员国间的经贸融合与合作,促进贸易自由化和便利化,从而扩大中国对外贸易的规模。其四,上海合作组织通过建立上合组织开发银行,加强了中国与成员国间的金融合作,并满足了成员国在基础设施建设、产业发展和贸易融资等方面的需求。这类金融机构的建立为中国与其他成员国提供了更多的融资渠道和资金支持,促进了经济的稳定和可持续发展。

五、结论

作为一个重要的多边合作组织,上海合作组织通过合作实现共赢,其重大战略规划对世界和中国经济都产生了深远影响。一方面,上海合作组织通过推动地区经济一体化、参与全球经济治理、发展新兴产业以及加强人文交流等多方面工作,对世界经济产生了积极的影响;另一方面,上海合作组织通过提供一个重要的区域经济合作平台、提供良好的合作机制、创造新的发展机遇,对中国经济发挥积极作用。未来,上海合作组织必须继续秉持"互信、互利、平等、协商、尊重多样文明、谋求共同发展"的"上海精神",携手应对世界百年未有之大变局带来的挑战,推动上海合作组织大发展,"共同做世界和平的建设者、全球发展的贡献者、国际秩序的维护者",进而为世界及中国经济贡献力量。

"一带一路"视域下高质量推动中国－上海合作组织经贸学院建设的思考

马林刚　　鲍文胜

（青岛大学上合组织经贸学院，山东青岛 266071）

摘要：中国－上海合作组织经贸学院的设立对促进上合组织国家经贸合作、深化地区国家民心相通具有重大意义，为深化上合组织教育合作注入强大动力。经过一年多的探索，学院在人员培训、人才培养、智库建设、科技合作四大领域取得了务实有效的成绩。面向新征程，学院应高标准站位，高质量跨越，高维度提升，拉紧人文交流合作的共同纽带，扎实推进，以在各领域取得新成就。

关键词：中国－上海合作组织经贸学院；探索；高质量；新成就

上海合作组织成立 20 多年来，各成员国秉持"互信、互利、平等、协商、尊重多样文明、谋求共同发展"的"上海精神"，全力推动区域经济合作不断向纵深发展，各成员国经济总量和对外贸易额年均增长 12%，创造了"上合速度"和"上合效益"，为上合组织各成员国人民带来了实实在在的幸福感和获得感。2021 年 9 月 17 日，习近平主席在上海合作组织成员国元首理事会第二十一次会议上宣布:"中方将设立中国－上海合作组织经贸学院,助力本组织多边经贸合作发展。"①这是习近平主席着眼促进上合组织国家经贸合作、深化地区国家民心相通提出的重大倡议。2022年1月13日,中国－上海合作组织经贸学院(以下简称"上合组织经贸学院")在青岛揭牌成立。学院坚持共商、共建、共享的原则,秉持"上海精神",以开放的姿态搭建合作平台,以中国－上海合作组织地方经贸合作示范区为推进主体,以青岛大学为实施主体,设立理事会,实行理事会领导下的院长负责制。

一、上合组织经贸学院的定位和使命

作为"开拓周边外交新局面、探索区域合作新范式、塑造地缘政治新格局、推动构建命运共同体的重要平台"②,上合组织为创新区域合作提供了成功范例。上合组织经贸学院的设立,旨在从人类文明新征程的高度,深化上合组织国家更加平等相待、开放包容、互利共赢的合作新理念,推动上合组织国家深化务实合作,推动构建上合组织命运共同体。

一是打造教育合作新亮点。教育是对未来的投资,是促进民心相通的长效机制,也是与民众联系最密切的领域。上合组织成员国领土总面积超过欧亚大陆总面积的3/5,人口占世界近一半,GDP占全球的20%以上,已是世界上幅员最广、人口最多的综合性区域组织。随着扩员进程的推进,上合组织的影响力仍在不断扩大。因此,上合组织

---

① 习近平在上海合作组织成员国元首理事会第二十一次会议上的讲话[EB/OL]. https://www.gov.cn/xinwen/2021-09/17/content_5638055.htm.

② 徐步. 上海合作组织20年成就和经验[M]. 北京:世界知识出版社,2021: 32.

经贸学院应该突出"开放"特色,以更加开放的姿态搭建合作平台,对接各方需求,坚持共商、共建、共享,将学院打造成上合组织国家和共建"一带一路"国家的教育合作新亮点。

二是打造教育培训新典范。"国之交在于民相亲,民相亲在于心相通。"上合组织国家广泛开展的科技、教育、文化、智库、民间交往活动,能够增进彼此之间的文化认知和情感认同,从而夯实民意基础,发挥平台效应,推动深层次合作。上合组织经贸学院应该突出"创新"特色,以新办学理念引领学院建设,不断探索,追求卓越,通过高水平师资和教学实现高质量发展,将学院打造成上合组织国家教育培训新典范。

三是打造产学研深度融合新基地。加强科技创新合作、维护产业链供应链稳定是上合组织成员国元首的重要共识。构建上合组织国家国际协同创新生态也是"构建人类命运共同体"的必然要求,通过产学研合作,"全方位促进人员往来,加快人气聚集,促进商贸文旅发展繁荣,形成上合国家国际会客厅效应"[1]。因此,上合组织经贸学院应该突出"融通"特色,以助力上合组织国家多边经贸发展为目标推进办学,充分利用中国-上合地方经贸合作示范区,汇聚融合各方优质资源,将学院打造成具有国际影响力的经贸研究、人才培养和产学研深度融合新基地。

二、上合组织经贸学院的工作实践和探索

上合组织经贸学院成立以来,突出国际化、市场化、创新性办学特

---

[1] 胡金焱. 发挥"磁石效应",加快上合示范区建设步伐 [N]. 大众日报,2021-01-12(8).

色,聚焦人员培训、人才培养、智库建设、科技合作四大领域,着力培养熟悉上合组织国家国情、通晓国际规则、服务"一带一路"倡议的创新型经贸人才,建设服务上合组织的高端国际智库平台,开展全方位、多层次国际交流与合作,为上合组织国家和共建"一带一路"国家经济合作提供重要支撑,为构建上合组织命运共同体注入崭新动力。

(一)开展人员培训,培养国际化高端经贸人才

2001 年我国与上合组织成员国的贸易额为 120 亿美元,到 2020 年达 2 450 亿美元,20 年间增长约 20 倍。① 我国与上合组织成员国区域贸易投资大幅增长,互联互通进展迅速,重大项目接连涌现,中欧班列蓬勃发展。紧密的经贸合作,离不开经贸人才的支撑,更离不开高素质的人才。学院坚持需求导向,把培养熟悉上合组织国家国情、通晓国际规则、服务"一带一路"倡议的创新型经贸人才作为重要使命,向上合组织 20 个相关国家驻华使馆发函征求教育培训需求,征集到跨境电商发展、跨境供应链管理、数字贸易争端解决机制等 40 多个方面的培训课程需求。学院在商务部的支持下,依托青岛大学、山东外贸职业学院、对外经济贸易大学、山东大学、复旦大学等理事单位,汇聚一流师资,构建多样化课程体系,以线上、线下方式开展人员培训。依托"一带一路"研究院、青岛企业家学院、青岛国资国企改革发展研究院等众多研究平台,围绕《区域全面经济伙伴关系协定》(RCEP)贸易便利化、服务贸易能力和国际经贸法律人才发展等相关规则、标准、法律等业务开展培训 40 期,覆盖 6 200 余人,收到良好成效。响应习近平主席在上海合作组织成员国元首理事会第二十一次会议上提出的"未

---

① 商务部:中国与上合组织成员国贸易额 20 年间增长 20 倍 [EB/OL]. https://m. news. cctv.com/2021/09/16/ARTIg181gnh3Epvw5hEPcYFr210916. shtml.

来三年,中方将向上海合作组织国家提供 1 000 名扶贫培训名额"的号召,学院与山东省外办、驻青高校共同编制了《2022—2024 年度上合组织国家扶贫培训实施方案》,用三年时间开展面向上合组织国家的扶贫培训项目。2022 年 7 月 27 日,举办了首届上合组织国家扶贫培训启动仪式暨预选班次,乌兹别克斯坦驻华大使、国家乡村振兴局以及省市相关领导线上线下出席开班仪式,开设包括"科技扶贫——上合新一代通信技术培训"等五个扶贫培训班次,累计培训上合组织国家学员 341 人。2023 年 6 月 17 日,举办了上合组织国家扶贫培训班,来自吉尔吉斯斯坦、塔吉克斯坦、乌兹别克斯坦、亚美尼亚的 70 名学员参加学习。通过开展各类上合组织国家人员培训,民心相通的动力进一步增强,推动了人员往来,加快了人员聚集,形成商贸文旅"国际会客厅"效应。

(二)开展人才培养,加快国际化人才培养

习近平总书记指出:"我们欢迎更多国际青年来华交流,希望中外青年在互学互鉴中增进了解、收获友谊、共同成长,为推动构建人类命运共同体贡献青春力量。"[①]青年在加强中外交流中发挥着重要作用,是推动中外文化交流合作的重要力量。作为上合组织经贸学院的实施主体,青岛大学举全校之力、集全校之智,推动上合元素融入学校的国际化办学。学校面向上合组织国家青年学生专门设置了"经贸＋学科集群",包括 MBA 项目、MIB 项目和金融硕士项目等针对性项目群,2023 年春季学期,共有留学生 630 人。其中,有共建"一带一路"国家学生 546 人,占学校留学生总数的 86.7％;有上合组织国家学生 439

① 习近平给"国际青年领袖对话"项目外籍青年代表的回信[EB/OL].
https://www.gov.cn/xinwen/2021-08/11/content_5630686.htm.

人,占学校留学生总数的 69.7%。专门设立"上合英俄双语创新实验班",突出"英语＋俄语"的双外语特色,培养能够胜任外事外贸、外语教育、新闻传媒等工作的复合型拔尖外语人才。学校还与俄罗斯圣彼得堡国立大学共同设立"经济＋数学"办学项目,获批国家留学基金委的"青岛大学与俄罗斯圣彼得堡国立大学国际合作培养项目",先后派出 54 名研究生到俄罗斯圣彼得堡国立大学深造。"基于上合组织经贸学院建设的高层次国际研究生培养项目"入选教育部"丝绸之路中国政府奖学金"项目,依托纺织科学与工程、物流管理与工程、金融学等学科招收以上合组织国家为主、辐射共建"一带一路"国家的优秀硕博留学生,进一步加大高层次人才培养力度。2022 年,学校柔性引进了俄罗斯应用数学领域的五位教授,参与学校系统科学山东省一流学科建设、数学一级学科博士学位授权点建设,双方联合申报并获批六项国家自然科学基金国际(地区)合作交流项目,其中,俄罗斯圣彼得堡国立大学的多位教授依托青岛大学获批"长江学者"讲座教授。2023 年 8 月 15 日,青岛大学校长夏东伟率团访问俄罗斯圣彼得堡国立大学,双方同意共建人工智能研究中心,推进工业应用数学以及人工智能在医疗健康领域的科研合作。

(三)开展智库研究,在理念传播、政策解读、民意通达上当好纽带桥梁

习近平总书记强调:"要建设一批国家亟需、特色鲜明、制度创新、引领发展的高端智库,重点围绕国家重大战略需求开展前瞻性、针对性、储备性政策研究。"① 新时代,要打造中国特色、世界一流的新型智

————————————————

① 习近平. 在哲学社会科学工作座谈会上的讲话[EB/OL]. http://politics. people. com. cn/n1/2016/0518/c1024-28361421. html.

库,需要更加宽广的研究视角、更加深入的协同创新、更加务实的交流合作。

上合组织经贸学院与商务部国际贸易经济合作研究院、机械工业经济管理研究院、北京大学新结构经济学研究院、新华社国家高端智库公共政策研究中心(瞭望智库)等国内顶尖智库达成战略合作协议,聚焦事关战略全局和长远发展的重大问题开展政策研究,提出对策建议,为打造"一带一路"国际合作新平台贡献智慧方案。

作为上合组织经贸学院的实施主体,青岛大学与具有百年历史的青岛海关共同建设上合经贸研究中心,发挥高校和海关各自优势,在课题研究、信息共享、人才培养等方面开展合作,产生一系列服务上合组织国家的研究成果。青岛大学联合青岛海关共同分析并发布"中国对上合组织成员国贸易指数",相关数据在海关总署网站公布。

青岛大学联合青岛市司法局、众成清泰律师事务所、俄罗斯GRAD律师事务所等单位共建上合经贸法律服务研究院,整合境内外法学教育、法律服务、涉外商协会等领域高端资源,延揽了一大批学养深厚、业务精湛的业界翘楚担任研究员,打造涉外法治领域的重要学术平台、资政建言智库、人才培养基地和成果展示窗口,努力在涉外法治理论研究、涉外法治实践开展、涉外法治人才培养、"一带一路"法律智库建设等方面取得成果。开展面向上合组织国家及共建"一带一路"国家法律的查明与研究,已形成17部著作、60多万字,2022年2月被山东省委全面依法治省委员会办公室、山东省司法厅确立为"法治山东建设理论与实务研究基地"。

青岛大学还成立了上合组织国家文明协同发展研究中心,联合国内外专家共同开展课题研究,积极推动国家间文明互鉴,开展了上合组织重点国家(或地区)中华文化走出去工作国别发展研究,形成50万字的研究报告,为中华文化在上合组织国家间的传播提供决策参考。作为上合组织经贸学院的理事单位,山东大学也成立了上海合作组织研究院,致力于人才培养、学术等领域的国别研究,打造特色优势,建设高水平智库平台,以更好地服务国家战略需求。复旦大学青岛研究院依托一带一路及全球治理研究院、上海自贸区综合研究院等校级智库资源,积极开展"对标国际经贸规则,深化中国–上海合作组织地方经贸合作示范区制度创新研究"等课题研究。

(四)开展国际交流与合作,打造具有国际影响力的产学研深度融合新基地

上合组织经贸学院坚持"一国一校""一国多校"的原则,与上合组织国家在教育、科技、产业等领域开展合作,推动建设具有国际影响力的经贸研究、人才培养和产学研深度融合新基地。青岛大学与塔吉克斯坦国家科学院签署合作协议,共同开展国际科技项目交流合作。与白俄罗斯国立大学、乌克兰国家科学院联合建设国家杂化材料技术国际联合研究中心,获批"国家高分子杂化材料创新引智基地(111 计划)"。青岛大学还积极开展中俄科技合作交流,与俄罗斯联邦科学和高等教育部、俄罗斯莫斯科国立谢切诺夫第一医科大学、伊尔库茨克国立大学生物研究所、俄罗斯亚洲工业家与企业家联合会等围绕科技、教育、医疗、生物等领域开展交流合作,针对贝加尔湖生物医学谷、贝加尔湖生物技术谷创新科技中心项目达成合作协议。上合组织经贸学院还举办了"第二届全球视野中的教育政策论坛暨上合组织师范教育学术论坛",邀请巴基斯坦等国的专家、学者参加论坛。与中国计量大学、湖南大学、"一带一路"标准化教育与研究大学联盟共同主办了"第四届'一带一路'标准化教育与研究合作论坛暨第六届标准化与治理学术研讨会", 围绕上合组织与标准化等开展了卓有成效的交流。为了深化产学研对接, 青岛大学成立了产业技术研究院, 整合全校资源, 打造纺织、生命健康、新能源新材料、新一代信息技术、时尚艺术五大产业板块。产业技术研究院具备直播、路演、综合展示、信息互通、资源共享、休闲互动等功能, 主动对接上合组织国家和共建"一带一路"国家的产业需求, 与俄罗斯莫斯科国立大学、圣彼得堡国立大学、俄罗斯国立工艺美术大学、白俄罗斯国立大学等开展产业项目对接, 打造"青大产业技术会客厅"和"项目成果集散地", 推动 50 余项成果落地转化。

三、站在更高起点上, 加快推进上合组织经贸学院高质量发展

作为上合组织中经济实力最强、人口最多的国家, 中国在上合组织人文教育合作中起着关键作用, 未来仍会是上合组织合作发展的主要参与者和推动者。面向未来, "我们要肩负起时代赋予的重任, 牢记初心使命, 坚持团结协作, 为维护世界和平与发展注入更多确定性和正能量"[①]。上合组织经贸学院应高标准站位, 高维度提升, 高质量跨越, 拉紧人文交流合作的共同纽带, 扎实推进各领域取得新成就。

（一）提高政治站位, 矢志打造服务上合组织及"一带一路"倡议的国际教育新平台

上合组织是第一个在中国境内宣布成立、第一个以中国城市命名的国际组织。上合组织诞生于世纪之交, 在较短的时间内已发展成为国际关系中最具影响力的区域性组织之一。站在新的历史交汇点上,

---

① 习近平在上海合作组织成员国元首理事会第二十三次会议上的讲话 [EB/OL]. http://www.gov.cn/yaowen/liebiao/202307/content_6889909. htm.

上合组织既面临全新的发展机遇,也面临更多困难和挑战。上合组织经贸学院应该弘扬"上海精神",依托中国-上海合作组织地方经贸合作示范区、青岛自贸区等,突出开放性、创新性、国际化,进一步链接好海内外优势资源,汇聚高水平研究力量,深入开展面向上合组织和共建"一带一路"国家的教育合作,着力培养熟悉上合组织国家国情、通晓国际规则、服务"一带一路"倡议的创新型经贸人才,打造具有上合特色、国际化的一流经贸学院,矢志成为服务"一带一路"倡议的国际教育新平台。

(二)坚持高维度提升,开创上合组织国家间交流合作新境界

上海合作组织发展的进程表明,世界上依然存在一个多层次、广阔的、稳定的"上海精神"空间。尽管各成员国文化背景、历史传统不同,但千年来各方交往频繁,在存在差异性的同时,更有很多共性的东西。不同文明包容互鉴的基础是,"拉紧人文交流合作的共同纽带。我们要积极落实成员国环保合作构想等文件,继续办好青年交流营等品牌项目,扎实推进教育、科技、文化、旅游、卫生、减灾、媒体等各领域合作"①。上合组织经贸学院应围绕人员培训、人才培养、智库建设、科技合作四大领域,建立项目机制,推进项目共建,全面推动各领域交流合作,提升新境界。重点有三个方向:一是聚焦日益增多的留学生,推动国际化人才培养。他们长期在成员国生活,对所在国文化有切身的感受,是民心相通的桥梁。二是跨境企业数量日益增多,尤其是大量中国企业与上合组织国家企业的合作交流增加,这些企业扩大了人员培训规模,以更好地满足经贸要求,并赋予企业更多的人文交流功能。三是

---

① 习近平在上海合作组织成员国元首理事会第十八次会议上的讲话[EB/OL]. https://www.gov.cn/xinwen/2018-06/10/content_5297652.htm.

用好日新月异的新媒体平台,在彼此增进认同基础上发挥重要作用。

(三)实现高质量跨越,塑造上合组织国家合作发展新优势

上合组织的"火车头"、该组织内双边和多边项目的发起者,是中国和俄罗斯。"上合组织一直是中国在欧亚地区推行区域经济一体化战略的重要平台。"① 在上合框架下推进上合组织经贸学院建设,重要的是强化友好高校间的交流合作。实际上,俄罗斯高等教育非常值得我们学习借鉴。以圣彼得堡国立大学为例,该校已有近300年的历史,培养了9位诺贝尔奖和3位菲尔兹奖获得者,600多位彼得堡科学院、苏联科学院及一些专业科学院院士和通讯院士。青岛大学与圣彼得堡国立大学有着深厚的合作基础,在数字经济中的数学方法与人工智能方法等领域开展了硕士双学位联合培养项目,未来将耦合圣彼得堡国立大学人工智能中心的优势研究领域以及青岛大学附属医院的雄厚实力,联合成立人工智能研究中心,推进工业应用数学以及人工智能在医疗健康领域的科研合作。另外,上合组织经贸学院要加强与上合组织国家的高校合作,共同探索创新"需求 + 培养 + 实践"的国际教育合作模式,在联合培养人才、搭建实习实训平台、共建高端智库等方面开展合作。

---

① 海关总署全球贸易监测分析中心、青岛海关、中国海洋大学. 上海合作组织成立 20 年贸易发展报告 [M]. 青岛:中国海洋大学出版社,2021:292.

对新格局、新形势下上海合作组织
面临的挑战与机遇的再认识

张晓婧(青岛大学商学院,山东青岛 266100)

鲍江南(澳门科技大学经济学院,澳门 999078)

摘要:继俄乌冲突和上海合作组织第二次扩员后,上海合作组织所处发展阶段和面临的现实挑战问题引起学术界广泛关注。借鉴组织生命周期理论对组织发展阶段的划分,本文认为上海合作组织当前正处于成长期,体现为组织规模的扩张和面临挑战的增加。据此,本文重新分析了俄乌冲突以及伊朗加入上海合作组织这两大代表性事件给上海合作组织带来的机遇和挑战,认为上海合作组织吸纳伊朗加入是对新格局的适应性表现。上海合作组织应当积极迎接新格局、新形势下的挑战,探索制度创新,以经济驱动更广泛的合作,从成长期迈向下一阶段。

关键词:上海合作组织;组织生命周期理论;地缘政治;俄乌冲突

一、引言

上海合作组织（以下简称"上合组织"）自 2001 年成立以来，经过 20 多年的发展，重心从安全合作转变为安全、经济、人文全方位发展。特别是在经济方面，上合组织区域经济合作历经 20 余年发展，在制度保障、贸易与投资平台建设等方面取得丰硕成果，成为推动上合组织强化合作的重要动力。[①]

与此同时，世界政治和经济格局发生了深刻变化。2022 年年初俄乌冲突爆发后，欧亚地区安全面临严峻形势，全球政治经济格局剧烈震荡，上合组织区域经济合作也因此遭遇宏观投资环境恶化、地缘政治风险上升、外部力量干扰加剧等一系列现实挑战。2023 年，世界经济继续低迷，全球化萎缩，地缘政治格局持续动荡。与此同时，上合组织也经历了重要的成长与转变，达成一系列成果，但也面临潜在困局与一系列挑战。2022 年 9 月的撒马尔罕峰会上，上合组织开始第二轮大规模扩员，伊朗的加入程序进入签署备忘录阶段，接收白俄罗斯成为成员国的程序开始启动，还新增了巴林、马尔代夫、阿联酋、科威特、缅甸五个对话伙伴。同时，地区互联互通的基础设施建设也有了新的进展，展现了共同抵御风险的凝聚力。2023 年 7 月，上海合作组织成员国元首理事会发表《上海合作组织成员国元首理事会关于打击引发恐怖主义、分裂主义和极端主义的极端化合作的声明》和《上海合作组织成员国元首理事会关于数字化转型领域合作的声明》，拓展新的合作方向。然而，此次峰会在一些重要议程上，轮值主席国印度缺席，凸显出上合组织内部的利益分歧。

---

① 陈小鼎，罗润. 俄乌冲突背景下上合组织区域经济合作——新形势与新思路 [J]. 国际展望，2023，15（3）：135-150，157-158.

当前,国际格局快速转换,全球经济形势不容乐观。俄乌冲突一方面加快了国际秩序重构,使得大国间的竞争、博弈和对抗呈上升趋势,新兴经济体影响力正在增长[①],另一方面"断链"风险和美国主导的对俄制裁、对中封锁等策略使得经济全球化遇冷,而此前积累的金融风险也使全球经济陷入低迷。如何认识当前上合组织所处节点,学术界有若干不同的思路。何卫刚从自由制度主义视角出发,认为上合组织是中亚地区国家在满足安全需求驱动下建立的一套制度框架,因此上合组织的扩员可以理解为其在权力转移进程中提升自身区域影响力的诉求。[②] 陈小鼎和马茹基于建构主义视角的分析较为看重"集体身份"的认同,认为上合组织成员国之间区域身份认同感的缺乏将限制议题合作,并影响上合组织的长远发展。[③] 胡键从新功能主义角度认为,上合组织存在从安全合作到经济合作的功能扩溢,也存在地理范围的机制扩容。[④] 前述各类视角为上合组织提供了不同的认知,但是仍较为笼统,且均为静态分析。朱永彪和魏月妍借鉴管理学中的组织生命周期理论,从动态视角研究上合组织所处的发展阶段,并对该阶段面临的挑战与机遇进行相应的分析,为进一步认识上合组织提供了

---

① 邓浩. 乌克兰危机背景下上海合作组织新变化及其应对 [J]. 俄罗斯东欧中亚研究,2023(3):1-19,157.

② 何卫刚. 国际机制理论与上海合作组织 [J]. 俄罗斯东欧中亚研究,2003(5):59;薛志华. 权力转移与中等大国:印度加入上海合作组织评析 [J]. 南亚研究季刊,2016(2):47.

③ 陈小鼎,马茹. 上合组织在丝绸之路经济带中的作用与路径选择 [J]. 当代亚太,2015(6):79.

④ 胡键. 论上海合作组织的发展动力 [J]. 社会科学,2005(3):45-50.

更具实用性和指导意义的理论基础。[①]

本文将简略介绍组织生命周期理论,对当前上合组织所处发展阶段进行判断,并在此基础上重新认识和分析俄乌冲突给上合组织带来的机遇和挑战,以及伊朗加入上合组织后带来的影响,从而对未来上合组织的发展给出政策建议。

二、组织生命周期理论与上合组织发展阶段

为更好地分析上合组织,本文借鉴朱永彪和魏月妍的研究将组织的生命周期划为四个阶段:创立期、成长期、成熟期、蜕变期。其中,不同阶段的划分以组织职能、组织规模、机制建设、合作内容、主要挑战五个评价维度为依据。[②] 组织生命周期的划分依据及阶段特征见表1。从周期视角对上合组织进行分析,可以更为清晰地认识上合组织的定位,讨论上合组织在每一阶段的策略路径,把握其发展规律和方向。

表 1　组织生命周期的划分依据及阶段特征 [③]

阶段	划分依据				
	组织职能	组织规模	机制建设	合作内容	主要挑战
创立期	有限	很小	雏形	有限	较少
成长期	扩大	扩大	建立并不断完善	增多	增多
成熟期	稳定	大且稳定	完备	稳定	减少

① 朱永彪,魏月妍.上海合作组织的发展阶段及前景分析——基于组织生命周期理论的视角[J].当代亚太,2017(3):34-54.

② 朱永彪,魏月妍.上海合作组织的发展阶段及前景分析——基于组织生命周期理论的视角[J].当代亚太,2017(3):34-54.

③ 朱永彪,魏月妍.上海合作组织的发展阶段及前景分析——基于组织生命周期理论的视角[J].当代亚太,2017(3):34-54.

续表

阶段	划分依据				
	组织职能	组织规模	机制建设	合作内容	主要挑战
蜕变期	深化（或减弱）	扩大（或缩小）	深化（或减弱）	深化（或减少）	增多

组织生命周期理论认为，一个组织的生命周期具有三个明显特征：周期性、可逆性和适应性。其中，周期性是指组织的成长和发展可被分为若干个阶段，各个阶段有不同特征，且其过程呈连续性；可逆性是指与生物体的不可逆不同，一个组织在经历停滞期后仍有可能通过更新返回上一阶段或保持在当前阶段；适应性是指一个组织能够进行自我协调，选择匹配的发展路径来适应周期变化。本文认为，上合组织目前符合成长期的特征，主要来源于三方面的判定依据。第一，在组织规模上。2023年的上海合作组织成员国元首理事会宣布伊朗正式成为第九个成员国，白俄罗斯入会程序也已于2022年启动，上合组织的规模和影响力进一步扩大。第二，在组织职能和机制建设上，上合组织在既有会议机制和常设机构的基础上，根据现实需要不断完善组织结构，建立了实业家委员会，建立了观察员国、对话伙伴国制度，同时上合组织的法治化和机制化建设也在加快。第三，在合作内容上。上合组织从安全合作起步，然后到安全与经济合作的"双轮驱动"，现在到"四个共同体"多轨并进，并进一步提出了数字经济和生态安全方面的新合作方向，合作领域不断扩大并深化。

另外，根据组织生命周期理论，处于成长期的组织更具活力，并且会在应对挑战的过程中获得处理更复杂问题的能力以及持续成长的动力。① 俄乌冲突是当前上合组织面临的重大事变,导致地区形势和格局发生剧烈变化,同时对上合组织内部也产生了重要影响。② 而伊朗正式加入上合组织在扩大上合组织版图的同时,也将深刻影响上合组织内部合作关系以及地缘政治格局,带来更为复杂的状况和新的挑战。组织的成长离不开迎接挑战和解决矛盾,组织正是通过优化和变革才能成长并进入下一个阶段。③ 本文将在组织生命周期理论的指导下,针对俄乌冲突和上合组织吸纳伊朗加入这两个重要事件进行分析,探讨上合组织的发展以及走向。

三、俄乌冲突:上合组织面临的挑战与机遇

当一个组织处于成长期时,由于未能形成成熟的机制和完善的职能,面临的挑战也必然较多。俄乌冲突是上合组织成立以来面临的前所未有的严峻考验。④ 一方面,俄乌冲突反映了当前国际体系、世界秩序的剧烈变化,深刻影响了欧亚大陆的政治格局和经济联系;另一方面,俄罗斯是上合组织的重要成员,俄罗斯乃至乌克兰均与上合组织成员国地理距离较近,政治、经济、安全各方面联系密切。

俄乌冲突在政治、经济、安全上都给上合组织带来了极为严峻的考

---

① 朱永彪,魏月妍. 上海合作组织的发展阶段及前景分析——基于组织生命周期理论的视角 [J]. 当代亚太,2017(3):34-54.

② 邓浩. 乌克兰危机背景下上海合作组织新变化及其应对 [J]. 俄罗斯东欧中亚研究,2023(3):1-19,157.

③ Greiner L E. Evolution and Revolution as Organizations Grow[J]. Harvard Business Review,1998,76(3):55-64.

④ 邓浩. 乌克兰危机背景下上海合作组织新变化及其应对 [J]. 俄罗斯东欧中亚研究,2023(3):1-19,157.

验。第一,在政治上,俄美、俄欧进入公开对抗,地缘政治风险达到前所未有的高度。针对俄乌冲突,美欧利益趋同,在严厉制裁俄罗斯的同时,试图剥离欧洲对俄能源依赖,减少俄欧合作基础。此外,俄罗斯对相关国家的影响力减弱,使得其他势力得以渗透中亚事务,地区局势日趋复杂、危险。第二,在经济上,俄罗斯在战争、制裁等多重因素影响下,经济困难重重。同时,俄罗斯也是上合组织成员国的重要贸易伙伴,其中,中亚各成员国对俄罗斯无论是在市场方面还是在原材料方面均有不同程度的依赖,俄罗斯的经济衰退诱发了中亚各成员国经济衰退风险,也严重影响了与中国的正常经济往来。哈萨克斯坦货币贬值近17%,塔吉克斯坦由于高度依赖与俄罗斯的进出口贸易和侨汇收入,经济面临下行风险。另外,俄乌冲突使得上合组织地区物流通道面临中断,地区物流链被迫重构,中欧班列欧洲业务也大幅萎缩,严重影响了生产企业供应链安全和物流成本,影响企业进行跨国投资、跨国生产布局和贸易活动的信心。第三,在安全上,上合组织地区部分国家先后发生严重骚乱、部分国家之间边界冲突升级。另外,俄罗斯和乌克兰是重要的能源出口国和粮食出口国,俄乌冲突引起全球能源和粮食市场巨震,同时引发能源安全、粮食安全问题,使得上合组织地区面临新型非传统安全问题的威胁。

然而,俄乌冲突也为上合组织发展带来了新的机遇。第一,美欧对俄罗斯的生存空间形成挤压,坚定了俄罗斯"向东看"的战略方向。一方面,使得上合组织内部形成更多共同利益,战略合作加强,博弈情况有所改善,这将巩固上合组织内部的政治合作基础;另一方面,俄罗斯加快能源向东布局,在进出口方面也谋求与上合组织成员国达成更多合作,俄罗斯对中、印能源贸易额快速增长,同时也带动了相关基础设施建设。第二,面对大国博弈和动荡局势,上合组织成员国加大"抱团取暖"的力度,显示出自主掌握命运的坚定决心。例如《上海合作组织成员国元首理事会撒马尔罕宣言》正式提出加强中亚与南亚的互联互通建设,乌兹别克斯坦、哈萨克斯坦境内多条铁路干线和贸易网络均取得重大进展。成员国在提升互联互通水平和保障区域内的产业链、供应链安全稳定方面达成重要共识,使得上合组织空间整合度大大提升。第三,上合组织一直大力倡导并积极践行的"上海精神",展现了包容的气质以及上合组织秉持的新安全观,具有先进性,在国际社会获得更多认同,吸引众多国家申请加入,也成为地区国家多边合作的优先选择,从而使得上合组织对地区和国际事务的影响力不降反升。

四、二次扩员:伊朗加入上合组织带来的新变化

2021年的上合组织杜尚别峰会上,吸纳伊朗加入上合组织的程序正式启动,这是继印度和巴基斯坦加入上合组织后的第二次扩员。印度和巴基斯坦的加入使上合组织成员国地域范围延展至南亚,连接了海上丝绸之路,同时大幅提升了覆盖范围内的人口数、国土面积以及经济发展潜力。而伊朗的加入则让上合组织西扩至中东地区,再次提升上合组织的影响力。

伊朗加入上合组织带来的风险与挑战可以从政治、经济、安全三个方面进行分析。第一,政治上隐藏巨大的风险。首先,伊朗在中东地缘政治方面牵涉颇广,因此伊朗加入上合组织,有可能会引入中东地区的复杂矛盾和地缘博弈。同时,上合组织的对话伙伴国沙特、土耳其均与伊朗存在长期的对立和矛盾,伊朗加入上合组织将大大增加上合组

织内部的复杂性和不稳定性。[①]另外,伊核问题以及伊美对峙也容易令上合组织陷入更多纠纷。第二,经济上存在潜在的竞争与冲突。伊朗作为重要的能源出口国,加入上合组织会引发国际能源市场对能源安全和能源价格的担忧,令西方各国感到不安。同时,伊朗也在一定程度上影响了上合组织成员国既有经济利益结构,伊朗与俄罗斯在能源出口结构上高度相似,同时印度和巴基斯坦作为能源消费国也存在对伊朗能源资源的竞争。各方存在潜在的利益冲突和博弈可能。第三,宗教意识形态冲突可能引发安全隐患。宗教意识形态分歧可能会使伊朗与中亚、南亚国家可能产生矛盾与摩擦。[②]

与此同时,伊朗加入上合组织具有更多的积极意义。首先,在政治方面,伊朗加入上合组织极大地提升了上合组织的国际影响力。上合组织成员国所占面积占欧亚大陆面积的 61.9%,占地球陆地面积的 23.9%,人口总数占世界人口的 41%,国内生产总值(GDP)之和相当于全球经济总量的大约 25%[③],同时也代表着上合组织影响力向中东方向的扩散,从侧面反映出上合组织地区自主性的增强。其次,在经济方面,多边经贸合作动力提升。伊朗的加入将为扩大上合组织区域经济合作空间提供积极动能。[④]伊朗作为能源大国,有望解决上合组织

---

① 郭曼若. 伊朗加入上合组织:作用力、影响及挑战 [J]. 俄罗斯东欧中亚研究,2023(3):20-39,157-158.

② 郭曼若. 伊朗加入上合组织:作用力、影响及挑战 [J]. 俄罗斯东欧中亚研究,2023(3):20-39,157-158.

③ 郭曼若. 伊朗加入上合组织:作用力、影响及挑战 [J]. 俄罗斯东欧中亚研究,2023(3):20-39,157-158.

④ 陈小鼎,罗润. 俄乌冲突背景下上合组织区域经济合作——新形势与新思路 [J]. 国际展望,2023,15(3):135-150,157-158.

成员国的能源稀缺问题,为上合组织地区经济增长提供有力支持,同时也将重塑全球能源格局。并且,伊朗与上合组织各成员国经济结构互补,贸易潜力巨大,有助于上合组织各成员国之间密切经贸合作,拓展发展空间。伊朗地理位置优越,一方面能为内陆中亚提供出海口,另一方面是连接亚欧大陆的枢纽,有利于上合组织地区基础设施建设,为加强上合组织地区的互联互通提供了空间与机遇。[①] 另外,在目前欧亚地区的大型发展倡议中,伊朗既参与了"一带一路"倡议,又与俄罗斯主导的欧亚经济联盟达成过临时自贸协定,还是俄罗斯、印度等国力推的"国际北南交通走廊"计划中的枢纽国家,符合多方发展利益。在安全方面,上合组织能够借力伊朗在地区安全治理中的能力与特殊作用,打击恐怖势力,甚至能够通过合作打击遏制毒品走私等跨境犯罪、应对难民问题等。同时,伊朗的加入有助于上合组织联合反恐行动的开展,如近年来中国、俄罗斯、伊朗三国已多次举行联合海军演习,强化了上合组织的安全力量。

郭曼若认为上合组织吸纳伊朗加入,是在众多作用力下形成的决定。[②] 而从组织生命周期理论的角度理解,本文认为一方面这体现了组织在扩员方面的能力成长,另一方面体现了组织针对新格局、新发展阶段的适应性。综合来看,伊朗加入上合组织,可以理解为上合组织根据新的政治及经济格局重新做出了适应性的选择,是一次成功的预判。

---

①　郭曼若. 伊朗加入上合组织:作用力、影响及挑战 [J]. 俄罗斯东欧中亚研究,2023(3):20-39,157-158.

②　郭曼若. 伊朗加入上合组织:作用力、影响及挑战 [J]. 俄罗斯东欧中亚研究,2023(3):20-39,157-158.

五、结论及政策建议

根据企业管理学的观点,矛盾出现和矛盾解决的循环动力构成了企业成长的动力,这一观点同样适用于分析上合组织的成长发展。正是因为挑战的存在,在迎接挑战的过程中,组织才获得了成长,并走向成熟。尽管俄乌冲突对上合组织带来了严峻的考验和挑战,但是积极迎接挑战、解决矛盾、把握机遇会将其转化为上合组织转型升级的重要契机。而伊朗加入上合组织,带来了一定风险的同时也为上合组织突破当前发展瓶颈、进行转型升级创造了良好机遇。更重要的是,面对国际形势的转变,在是否吸纳伊朗加入的问题上,上合组织敏锐地做出了适应性的改变。组织生命周期理论为我们更深入地理解当前上合组织面临的主要形势和战略决策提供了有益借鉴。

当前,上合组织仍处于成长期,尚未步入更为稳定的成熟期。为了迎接挑战、解决矛盾,上合组织需要正视当前面临的主要问题,针对新形势进行自我协调,也需要进一步优化和变革。目前,上合组织存在内部利益分化、集体认同感薄弱、协调能力不强、缺乏有效决策机制等桎梏,为更好地解决上述问题,本文认为上合组织在迎接挑战、从成长走向成熟的过程中应着重注意以下几点。

(1)坚持上合组织的核心价值观,增强组织认同感。在实践当中,越来越多的国家申请加入上合组织,"用脚投票",证明上合组织的核心价值观深入人心。应当继续坚持上合组织的基本理念和已经被实践证明的优秀价值观念。坚持"上海精神",坚持开放包容的精神气质;坚持上合组织秉持的新安全观,坚持独立自主的外交政策,增强上合组织的凝聚力和国际话语权;坚持合作理念;坚持"协商一致"原则与"不干涉内政"原则,这两项原则相辅相成,有效保障了各成员国无论大小、强弱、新旧一律享有平等权利,充分体现了对各成员国主权平等和国家利益的尊重。

（2）推陈出新，探索制度创新，推动组织内部改革。建议吸取自身经验教训、学习其他国际组织成功经验、学习企业"干中学"的创新理念，多方位探索行之有效的创新方法。例如，对现有的相关法律文件进行修订和完善，使其符合当下形势需求，更具操作性；借鉴东盟的"会前协商"原则，在正式会议召开之前，各成员国之间先行进行双边或多边非正式磋商，以期提前达成共识，提升会议效率；灵活推动"三边""小多边""次区域"等形式的合作，改革合作机制，提升参与国家的积极性和合作效率；调整通过原则，根据议题方向，探索形成不同的通过标准和公平原则，以提升决策效率；探讨提升和明确秘书长的地位与权限，明确规定授权秘书长一定程度的代表权，以便于及时、有效地处理突发事务。

（3）深化经济合作，聚焦经济发展，以经济驱动更广、更深的合作。发展经济符合多方利益。一方面，全球经济下行压力以及美国的经济封锁、制裁政策使得全球化遇冷，各成员国均需通过对外合作增强经济活力。另一方面，上合组织成员国特别是中亚各成员国仍处于发展中阶段，迫切需要发展国民经济、提升人民生活水平。在中亚国家面临的各种政治、安全、文化问题中，滞后的经济发展水平是其重要根源。[①]此外，发展经济既能驱动深度合作，也能帮助形成新的经济中心，提升上合组织的实力以及影响力。具体而言，可以从交通、经贸、农业、能源、海关、人文等优先合作领域出发，逐步建立专门的对接与合作机制，灵活、立体打造经济贸易网络。

---

① 阎德学. 上海合作组织经济合作：成就、启示与前景 [J]. 国际问题研究，2021（3）：85-106.

上海合作组织发展及其影响研究

曹芳郁（青岛大学经济学院，山东青岛 266100）

摘要：上海合作组织自 2001 年成立以来国际影响力日益提升，本文介绍了上海合作组织成立以来在经济、地区安全以及文化交流中的积极作用，并基于此为上海合作组织未来发展规划提出建议。

关键词：上海合作组织；经济；地区安全；文化

一、引言

为促进地区稳定、经济健康发展以及深化睦邻友好关系，中国、俄罗斯、哈萨克斯坦、塔吉克斯坦、吉尔吉斯斯坦和乌兹别克斯坦六国领导人于 2001 年 6 月 15 日签署《上海合作组织成立宣言》，标志着上海合作组织的正式成立。作为新兴经济体的重要代表，上海合作组织自成立以来得到了越来越多发展中国家的认可与支持。2017 年印度与巴基斯坦加入上海合作组织[①]，2023 年伊朗加入上海合作组织[②]，为上海合作组织发展注入了新活力。印度、巴基斯坦以及伊朗的加入进一步推动了上海合作组织自贸区的建设，推动了"一带一路"与欧亚经济联盟的对接，为上海合作组织各成员国乃至世界各新兴国家的经济发展提供了新的机遇。[③]此外，上海合作组织的成立也是地区成员国间团结互助、一致应对各种困难挑战的重要阶段性成果，是各成员国相互尊重与信任道路上的重要里程碑。在过去 22 年的发展中，上海合作组织正是秉持这一发展理念在经济发展、地区稳定和促进文化交流中取得了丰硕的成果。

二、上海合作组织对于促进经济发展的重要意义

与以往多个国际经济合作组织不同，上海合作组织创造性地为成员国提供平等对话、有效解决分歧的平台。各成员国秉持着求同存异的团结精神，用共同的声音一致对外，从而维护地区稳定和繁荣。经历 20 多年的发展，上海合作组织已经成为各成员国相互合作、荣辱与共的重要平台，在推动各成员国经济发展的同时也为地区经贸发展注入活力。[④]上海合作组织各成员国产业结构、资源禀赋以及地理位置

① 李自国. 上海合作组织的扩员与命运共同体建设[J]. 俄罗斯东欧中亚研究，2021（4）：7-28，162.

② 郭曼若. 伊朗加入上合组织：作用力、影响及挑战[J]. 俄罗斯东欧中亚研究，2023（3）：20-39，157-158.

③ 江思羽，袁正清."一带一路"倡议与上海合作组织：理念嵌入与合作实践[J]. 俄罗斯东欧中亚研究，2023（4）：1-22.

④ 李剑，张荣，姜宝. 上海合作组织经济一体化、制度质量与农产品贸易[J]. 中国石油大学学报（社会科学版），2023，39（1）：95-104.

上的不同为其开展跨国贸易、开展区域经济合作创造了前提,也为各成员国优势互补、互利共赢创造了发展空间。[①] 在上海合作组织这一国际框架下,各成员国依靠区位优势协同合作,有效带动了地区新工业化的发展和经贸合作。[②] 以贸易总额为例,上海合作组织六个创始成员国 2020 年贸易总额相比 2001 年增长 7.8 倍。其中,中国分别是俄罗斯、乌兹别克斯坦以及巴基斯坦的第一大贸易伙伴国、哈萨克斯坦的第二大贸易伙伴国。此外,上海合作组织也已成为各成员国发展民营经济、推动市场化的重要平台,自 2003 年至 2020 年,中国民营企业对上海合作组织成员国进出口贸易额年均增长 19.5%,其中,阿里巴巴全球速卖通软件在上海合作组织成员国国内市场上广受好评,成为推动成员国间电商贸易发展的重要平台。

此外,为推动上海合作组织可持续发展,各成员国积极推进上海合作组织制度化建设,总共出台了三类经济合作文件。[③] 一是以《上海合作组织成员国政府间关于开展区域经济合作的基本目标和方向及启动贸易和投资便利化进程的备忘录》为代表的原则性法律文件。此类文件确定了上海合作组织成员国相互开展贸易往来的基本原则,包括平等互利、坚持多边主义和市场化经济规则等。二是以《上海合作组织成员国多边经贸合作纲要》为代表的框架性法律文件,文件明确规划了上海合作组织各成员国间经贸往来的发展方向和合作重点。

① 庞大鹏. 欧亚经济伙伴关系的构建及其对上海合作组织发展的影响 [J]. 当代世界,2018(6):36-40.

② 王凯. 务实合作 互利共赢——中国-上海合作组织地方经贸合作示范区五周年观察 [J]. 中国产经,2023(11):40-45.

③ 高焓迅. 上海合作组织区域经济合作:驱动力、阻碍因素与路径选择 [J]. 全球化,2022(3):98-105,136.

例如,2019 年推出的新版《上海合作组织成员国多边经贸合作纲要》明确强调了未来上海合作组织成员国将以数字化经济和芯片等高科技产业为重点开展积极、长久的合作,《上海合作组织至 2025 年发展战略》明确了未来上海合作组织成员国在投资以及金融领域的主要合作方向。三是以《上海合作组织成员国政府间国际道路运输便利化协定》为代表的专门性法律文件,此类文件的出台大大精简了各成员国间贸易往来的交易手续,在一定程度上消除了成员国间过境通关、检验检疫以及标准认证等贸易壁垒和投资限制,大大提高了成员国间的贸易投资便利化水平。

三、上海合作组织对于维护地区安全稳定的重要意义

在维护地区稳定方面,首先,上海合作组织成立以来一直积极致力于打击国际恐怖主义、分裂主义等有组织犯罪,对于维护地区稳定发挥着建设性作用。[1]2004 年上海合作组织在塔什干地区成立专门反恐机构及执行委员会,该机构自成立以来致力于积极协调组织内各成员国打击恐怖、分裂等极端组织的袭击和犯罪活动,高效且富有成果的组织方式获得了联合国等国际组织的认可和高度赞扬。其次,上海合作组织在处理解决阿富汗地方矛盾及争端方面一直发挥着建设性作用。[2] 国际地缘政治自苏联解体以来发生了根本性变化,尤其是中亚地区由于权力真空迅速成为各方势力争夺的焦点,这对地区稳定构成了极大威胁。随着上海合作组织成员国的不断增加,阿富汗周边

---

[1] 汪金国,张立辉. 上海合作组织地区反恐怖机构反恐合作与独联体反恐中心反恐合作对比研究 [J]. 天水师范学院学报,2022,42(5):102-112.

[2] 李孝天. 塔利班掌权后阿富汗与上海合作组织的关系及其前景 [J]. 国际论坛,2022,24(5):58-78,157-158.

主要国家都已经成为上海合作组织成员国,且阿富汗也已经成为上海合作组织观察员国。因此,上海合作组织成为维护中亚地区稳定的重要力量之一。[①] 中亚地区国家在上海合作组织框架下积极开展地区合作,一致反对帝国主义与霸权主义,促进塑造地区国家间共同的价值理念与共同的行为方式,推动地区和平稳定。[②] 最后,上海合作组织的非军事属性为世界的和平稳定做出了突出贡献。上海合作组织并不设立超越国家层面的军事指挥机构,也没有多国军事特遣队。此外,《上海合作组织宪章》也明确了各成员国没有联合防御的军事义务。因此,上海合作组织的成立与发展并不会对任何国家构成军事威胁。此外,上海合作组织积极组织抵御国际恐怖组织大规模袭击的军事演习,探索地区安全合作新机制与新模式,现已形成了总理、议长会晤机制及多个部长会晤机制,为地区稳定以及和平发展提供了坚实的保障。[③]

四、上海合作组织对于促进文化交流的重要意义

上海合作组织自成立以来积极促进各成员国间的文化交流,包括中国"丝绸之路"国际艺术节、俄罗斯"联合体"国际民间艺术节以及吉尔吉斯斯坦"奥尔多艺术"国际戏剧节等。各国艺术节的开办不仅宣传了本国的特色文化,也加深了各国人民之间的感情、促进了文化交流。除了宣扬本土艺术与文化外,各成员国还积极开展各类音乐以

---

① 孙壮志. 上海合作组织将在全球战略格局中扮演更重要角色 [J]. 世界知识, 2022(20): 17-20.

② 徐德顺. 上海合作组织是全球重要政治经济力量 [J]. 中国商界, 2023(2): 36-37.

③ 苏畅. 上海合作组织安全合作理论构建、行动实践与中国力量贡献 [J]. 俄罗斯学刊, 2022, 12(6): 93-106.

及体育国际赛事①,包括"九个神奇的音符"音乐晚会以及"上海合作组织马拉松赛"等,丰富了各成员国人民的生活。②此外,上海合作组织积极推动对历史文物和文化的保护。③一方面,上海合作组织积极推进各成员国文化遗产列入联合国教科文组织人类非物质文化遗产代表作名录;另一方面,上海合作组织积极推进各成员国文物管理以及保护的经验交流,包括"上合国家八大奇迹"项目的举办,使得各成员国文化得到了有效保护与传承。在宣扬传统文化的同时上海合作组织积极开展各成员国间的旅游项目。2015年,上海合作组织各成员国旅游部门负责人相聚于俄罗斯首都莫斯科商讨上海合作组织各成员国的旅游规划与相关项目的开展。同年,上海合作组织颁布的《上海合作组织至2025年发展战略》强调了未来发展中上海合作组织各成员国在旅游合作中的具体任务和方式。上海合作组织各成员国自古以来就依靠丝绸之路相互交流、共同发展,有着密不可分的文化渊源。在上海合作组织框架下的各成员国间的旅游合作不仅促进了各成员国民间的文化交流,还带动了一系列宝贵历史资源的开发。④例如,上海合作组织积极与联合国教科文组织以及世界旅游组织合作,努力争取各方资源帮助各成员国对境内的历史遗迹进行科学考察与

---

① 张俊峰,宋佳欣,刘贝,等. 上海合作组织体育赛事交流合作机制的构建思路与推进策略[J]. 浙江体育科学,2023,45(4):18-24.

② 刘贝,蒋佳欣,杨俊琳,等. 参照与借鉴:"一带一路"体育交流的"上合路径"[J]. 体育研究与教育,2023,38(3):14-21.

③ 李睿思. 上海合作组织人文领域合作:现状、问题与对策[J]. 俄罗斯学刊,2021,11(3):67-82.

④ 杨艳. 数智赋能:中国-上海合作组织国家文旅融合新时代交流智慧旅游新模式,共同展望发展新前景[J]. 重庆与世界,2021(9):46-49.

保护。

历史遗迹的充分保护与宣传不仅展示了上海合作组织各成员国深厚的历史文化底蕴，还激起了其他各国民众的旅游乐趣。旅游的快速兴起不仅拉动了各成员国的消费、提高了当地居民收入，也促使了各成员国政府进一步保护、宣传文物以及开发历史遗迹。旅游产业的兴起带动了其他产业的快速发展。各成员国为了促进本国旅游产业的开发都在不同程度上简化了出入境手续和流程。例如，在政府层面，哈萨克斯坦在 2017 年世博会举办期间向符合条件的中国游客实施了免签证的优惠旅游措施，并开通了多条新型旅游线路供游客选择，极大地刺激了当地旅游业的发展。在社会层面，旅游业带动了包括餐饮业、运输业以及文化产业的快速发展，从而在一定程度上盘活了社会流动资本，刺激了消费并且拉动了就业。仅 2019 年俄罗斯莫斯科谢列梅捷沃机场就接纳了超过 230 万名中国游客。为了更好地接待中国游客，汉语是俄罗斯机场的常用语言之一。除此以外，俄罗斯多地支持中国的在线支付方式，并推出了多条"红色旅游线路"供中国游客选择。因此，中国游客跨境游的快速增长为俄罗斯乃至上海合作组织各成员国的旅游业带来了发展新契机。

此外，上海合作组织积极开展各成员国间教育文化事业的互助合作。互助合作主要从政府和民间两个渠道开展。[1] 政府层面，积极开展教育部部长会议和教育专家工作组会议。2006 年上海合作组织成员国签署了《上海合作组织成员国政府间教育合作协定》，开启了各成员国教育、体育交流序幕的同时也奠定了今后合作的法律基础。民间

---

① 朱香玉. 基于上海合作组织平台的中俄教育合作：历程、现状及前景 [J]. 黑龙江教育（理论与实践），2021（7）：37-39.

层面,积极开展"教育无国界"教育周和大学校长论坛。此类活动参与主体主要是知名大学领导层以及一些教育团体,从而促进了民间的学术交流互动。与此同时,上海合作组织成员国间的科学合作也在如火如荼地进行,例如,中俄信息技术联合研究中心的建立、上海合作组织农业技术交流培训基地的建成、上海合作组织科技伙伴计划的开展以及哈萨克斯坦在中国高校科研机构的落户。

五、结论及政策建议

经济建设方面,上海合作组织首先应完善经济制度建设,发挥地区优势,激发经济发展动力。上海合作组织各成员国目前仍属于新兴经济体国家,发展潜力巨大,因此上海合作组织应立足于各成员国发展优势和需求开展合作,将合作领域从传统的能源、农业以及制造业等向新兴的高新技术产业发展。与此同时,把握现有优势,打造农业、服务业以及制造业等领域的区域产业链,增强地区发展的凝聚力和向心力,从而提高上海合作组织成员国的整体实力。良好、完善的制度建设是上海合作组织各成员国进行经济合作的重要基础与坚实保障,从而更好地实现资源优化配置,提高资源利用效率,充分发挥地区潜在优势,推动经济快速发展。其次,应尽快落实上海合作组织成员国间的贸易便利化协定。各成员国间的关税壁垒以及烦琐的出入境手续不利于成员国间的生产要素流动,因此尽快落实成员国间的贸易便利化协定对于加快区域间经济合作至关重要。最后,应以经济效率为原则健全上海合作组织决策与执行机制。由于上海合作组织各成员国经济发展水平不同,经济诉求也不相同,因此在未来的发展规划中应在坚持整体经济效益最大化的前提下兼顾发展落后国家的发展需要,从而妥善解决内部分歧,实现上海合作组织各成员国的经济共同发展。此外,当前阻碍上海合作组织国际项目进展缓慢的重要原因之一在于资金结算与流动问题,因此上海合作组织成员国可积极与金砖国家新开发银行等国际性银行组织开展合作,推进本币结算,建立健全资金流动与监管机制,完善项目融资体系,从而满足各成员国多元化的资金需求。

在地区安全稳定方面,上海合作组织应建立健全内部协同机制,形成应对国际突发事件的快速反应能力。随着上海合作组织成员国的不断增加,上海合作组织的影响力也逐步扩大,这对上海合作组织自身的发展有了新的要求。习近平主席在 2020 年 11 月的上海合作组织元首理事会上首次提出构建上海合作组织"卫生健康共同体""安全共同体""发展共同体"以及"人文共同体"的重大倡议,并为上海合作组织的未来发展提供了"中国方案",增添了地区国家携手前行的信心底气,丰富了人类命运共同体的深刻内涵,获得各方热烈反响。① 因此,在当前复杂多变的国际形势下,上海合作组织各成员国在树立协同发展重要理念的同时也要完善体制内的安全法律条文建设。首先,应加快制定针对国际事务处理原则的具体法律文书,为今后快速应对国际突发事件提供法律依据。随着影响力的逐步扩大,上海合作组织已经成为当今国际政治力量中不可或缺的重要部分,如何妥善应对国际争端及事务成为上海合作组织发展中所需要面对的重要任务之一。上海合作组织应根据当前国际环境与形势制定符合本组织各成员国发展利益的外交策略,并对具体的国际合作阐明详细的发展理念与原则,为今后组织内各成员国的统一认识和

---

① 殷敏. 构建更加紧密的上海合作组织命运共同体的国际法释义 [J]. 法学,2022(10):177-192.

行动奠定基础。其次,应努力推动上海合作组织从会议机制向合作机制转变。上海合作组织与其他国际组织合作进度缓慢的一个重要原因在于多边合作难以有效开展。因此在上海合作组织的发展规划中,应将提高各成员国合作效率作为上海合作组织发展的重要任务之一。上海合作组织应从组织机制建设入手,为今后妥善处理组织内各成员国分歧打下基础。一方面,在面临重大或者原则性问题时,各成员国应秉承"协商一致"的原则开诚布公,尊重各成员国利益;另一方面,在落实具体事项或者细节时可采取"少数服从多数"的原则,从而在尽可能满足各方利益需求的同时提高组织运作效率。最后,可适当扩大上海合作组织秘书长的工作权限。秘书长作为上海合作组织整体利益的代言人,适当扩大其权限有利于其更好地代表上海合作组织对外开展工作。

在文化教育方面,上海合作组织应坚持开放、包容的态度,在促进文化交流的同时完善文化传播机制,促进法律条约机制和教育合作机制一体化建设。上海合作组织各成员国间文化差异较大,不同国家、不同民族间的信仰也有所不同,因此上海合作组织各成员国应秉持求同存异的开放态度。尊重他国文化,切实完善各成员国文化交流合作机制。一方面,政府应鼓励民间文化交流,包括民间团体以及高校间的互动沟通,通过组织定期或不定期的交流论坛加深各成员国人民的友谊,从而增加更多的认同感,减少分歧,促进各成员国文化间的碰撞与交流。另一方面,上海合作组织可借鉴欧洲的学分转换系统开展小规模教育系统改革试点,建立完善的学分转换与学位相互认证体系,从而促进各成员国间的教育对接和交流合作,为未来上海合作组织各成员国间的教育项目合作打下坚实基础,推进各成员国间的教育合作迈上新台阶。

对外贸易

全球冲击背景下
上合组织贸易网络抗毁性分析

李　欣(青岛大学经济学院,山东青岛 266100)

摘要: 近年来,全球范围内逆全球化和贸易保护主义风起云涌,国际贸易面临着日益频繁且复杂的冲击。在此背景下,稳定的上合组织贸易网络有助于构建更加稳定和可持续的区域贸易体系,以应对全球贸易挑战、维护区域内贸易伙伴的经济稳定和发展。研究发现,当失效节点不超过30%时,上合组织贸易网络抗毁性变化相对平缓,且其抗毁性呈逐年上升趋势,体现了上合组织在稳定区域贸易体系中的积极作用。当失效节点低于20%时,上合组织贸易网络抗毁性在全样本期间明显高于全球贸易网络;当失效节点高于20%时,上合组织贸易网络抗毁性于2016年后超过全球贸易网络,且其上升趋势与全球贸易网络的倒U形趋势形成鲜明比对。上述结果在改变网络构建阈值、采用新的抗毁性指标后仍保持稳健。未来,应在保持上合组织结构稳健、保证既有网络抗毁性的基础上稳步加强经贸合作、扩大组织规模,以提升全球冲击应对能力,保障组织成员国经济稳定和发展。

关键词: 上海合作组织;贸易网络;抗毁性;网络效率

一、引言

在当前逆全球化和贸易保护主义盛行的背景下,国际贸易受到越来越频繁和复杂的冲击,对区域贸易体系的稳定性和可持续发展带来了挑战。在此背景下,研究区域经贸合作网络对各类冲击的抵御能力有助于为构建更加稳定和可持续的区域贸易体系提供参考,以应对全球贸易的挑战,维护区域内贸易伙伴的经济稳定和发展。

上海合作组织成立 20 余年来,致力于通过政治、经济、安全和人文合作,加强成员国之间的合作与发展,维护地区的稳定与繁荣。在此背景下,上合组织国家所形成的复杂贸易网络是否能够有效应对诸如贸易保护主义、突发卫生事件等复杂的全球贸易冲击,是本文关注的核心问题。

复杂网络抗毁性分析是一种用于评估网络系统在遭受外部冲击或攻击时保持稳定性和功能性的能力的方法。国际贸易网络作为一种典型的复杂网络,其抗毁性问题尚未引起学界广泛重视。尽管既有研究深入剖析了贸易网络的拓扑特征[①]、结构演化[②]等,对贸易网络抗毁性,尤其是上合组织贸易网络抗毁性的分析却相对匮乏。

---

① 种照辉,覃成林."一带一路"贸易网络结构及其影响因素——基于网络分析方法的研究[J].国际经贸探索,2017,33(5):16-28;黄灿.RCEP 国家间贸易空间关联网络及其结构特征研究——基于社会网络分析方法的经验考察[J].时代金融,2023(4):10-12.

② 钮潇雨,陈伟,俞肇元."一带一路"贸易网络连通性演化[J].地理科学进展,2023,42(6):1069-1081;贺胜兵,许宸昊,周华蓉."一带一路"工业机器人贸易网络特征及演化机制[J].中国软科学,2023(6):43-55.

复杂网络抗毁性常用于交通系统[①]、航空系统[②]、电力系统[③]等的研究,将其用于贸易网络者相对较少。既有研究表明,国际贸易网络与其他各领域复杂网络类似,具备典型的"中心—外围"和凝聚子群结构[④],这意味着同样可以将复杂网络抗毁性相关方法用于贸易网络研究。

二、抗毁性指标选择与攻击策略设计

(一)抗毁性指标选择

参照赵静、韩永启、周继彪的研究,本文选择最大连通子图相对大小和相对网络效率两个指标衡量复杂网络抗毁性。[⑤]其中,最大连通子图相对大小(C_{lcc})为冲击后最大连通子图节点个数(n')与冲击前最大连通子图节点个数(n)之比:

---

① 汪涛,吴琳丽. 基于复杂网络的城市公交网络抗毁性分析[J]. 计算机应用研究, 2010, 27(11): 4084-4086; 沈犁, 张殿业, 向阳, 等. 城市地铁-公交复合网络抗毁性与级联失效仿真[J]. 西南交通大学学报, 2018, 53(1): 156-163, 196.

② 党亚茹, 丁飞雅, 高峰. 我国航班流网络抗毁性实证分析[J]. 交通运输系统工程与信息, 2012, 12(6): 177-185.

③ 杨丽徙, 曾新梅, 方强华, 等. 基于抗毁性分析的中压配电网络拓扑结构[J]. 电力系统自动化, 2013, 37(8): 65-69; 郭明健, 高岩. 基于复杂网络理论的电力网络抗毁性分析[J]. 复杂系统与复杂性科学, 2022, 19(4): 1-6.

④ 杨继军, 傅军. "一带一路"贸易网络结构及其对区域经济联动的影响[J]. 南京社会科学, 2022(11): 42-50.

⑤ 赵静, 韩永启, 周继彪. 蓄意攻击下城市轨道交通网络抗毁性分析[J]. 城市道桥与防洪, 2020(6): 203-206, 25-26.

$$C_{lcc}=\frac{n'}{n}, 0<C_{lcc}\leqslant 1 \tag{1}$$

定义网络图 G 的全局网络效率 $E(G)$ 如下：

$$E(G)=\frac{2}{n(n-1)}\sum_{i\neq j\in v}\frac{1}{d_{ij}}, 0<E(G)\leqslant 1 \tag{2}$$

其中，n 为图 G 的节点个数，d_{ij} 为节点 i 到节点 j 的距离。$E(G)$ 反映了网络中节点之间的连通效率，若任意两个节点都有一条边直接相连，则 $d_{ij}=1$，此时 $E(G)=1$，全局网络效率达到最大。

给定全局网络效率，将冲击前后的网络效率之比定义为相对网络效率（η）：

$$\eta=\frac{E'(G)}{E(G)} \tag{3}$$

其中，$0<\eta\leqslant 1$。

上述两个指标均为正向指标，即 C_{lcc} 和 η 越大，网络抗毁性越强。

（二）攻击策略设计

以中美贸易摩擦和 COVID-19 为例，二者通常针对特定国家（节点）产生冲击，进而影响到与该国相关的贸易往来。因此，我们选择特定规则下的节点剔除方法构建网络攻击策略。具体做法为，每次剔除节点之前，根据特定的重要度算法对网络节点由大到小排序，剔除当前网络中最重要的节点，并对新网络中的剩余节点重新排序，以确定下一次攻击时的待剔除节点。

根据复杂网络相关算法，我们选择节点度和介数中心性两个指标作为衡量节点重要性的依据，进而形成两种网络攻击策略，即基于节点度的攻击策略（策略1）和基于介数中心性的攻击策略（策略2）。其中，节点度是指与一个节点直接相连的边的数量，反映了节点在网络中的直接连接关系,表示节点在网络中的紧密程度;介数中心性是基于节点在网络中的路径计算的指标,节点的介数中心性值取决于经过该节点的最短路径数,衡量了节点在整个网络中作为桥梁的能力,即节点在信息传递中扮演着关键的中间人角色。

三、数据与基本统计

(一)数据来源

采用 CEPII 数据库(http://www.cepii.fr/CEPII/en/welcome.asp)提供的 BACI 数据集构建上合组织和全球贸易网络。BACI 数据集在联合国统计司 Comtrade 数据集的基础上进行了修正,提供了超 200 个国家、5 000 种商品的双边贸易流量数据。该数据集时间跨度较长,样本量较大,较适用于本文研究。

(二)上合组织贸易网络拓扑结构构建

首先通过将各类产品贸易额加总,构建上合组织无向贸易网络。即:

$$T_{i \rightarrow j} = \sum_{k=1}^{n} T_{i \rightarrow j, k} \qquad (4)$$

其中,n 为产品类别数,$T_{i \rightarrow j, k}$ 为 i 国向 j 国出口的产品总额,$T_{i \rightarrow j}$ 为 i 国向 j 国的出口总额。进一步将进、出口总额加总,得到含权的无向贸易网络:

$$T_{ij} = T_{i \rightarrow j} + T_{j \rightarrow i} \qquad (5)$$

各成员国间的 T_{ij} 形成了一个 $m \times m$(m 为初始网络节点数)的矩阵,从而构成了一个含权网络。上述含权网络是一个近全连接网络,原因在于全球化背景下,各成员国之间或多或少存在一定的贸易往来。因此,对网络连边设定 30% 的阈值,剔除贸易额低于 30% 分位数的连边,得到简化的无权、无向网络。在稳健性分析中,将进一步修改阈值,验证不同阈值下的网络抗毁性是否足够稳健。

本文采用 2000 年至 2021 年的 BACI 数据进行贸易网络构建。以 2021 年为例,构建所得的贸易网络,如图 1 所示。其中,各节点的数字标签为国家代码(表 1)。节点大小反映了其中心性大小。从贸易网络节点中心性分布来看,中国(代码 156)、俄罗斯(代码 643)、印度(代码 699)和土耳其(代码 792)在贸易网络中的重要性最高,位于网络核心位置。

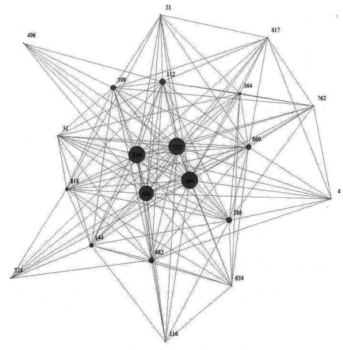

图 1　2022 年上合组织贸易网络图

表 1 上合组织国家代码对照表

国家代码	国家名称	组织身份	国家代码	国家名称	组织身份
156	中国	成员国	496	蒙古	观察员国
364	伊朗	成员国	31	阿塞拜疆	对话伙伴国
398	哈萨克斯坦	成员国	51	亚美尼亚	对话伙伴国
417	吉尔吉斯斯坦	成员国	116	柬埔寨	对话伙伴国
586	巴基斯坦	成员国	144	斯里兰卡	对话伙伴国
643	俄罗斯	成员国	524	尼泊尔	对话伙伴国
699	印度	成员国	634	卡塔尔	对话伙伴国
762	塔吉克斯坦	成员国	682	沙特阿拉伯	对话伙伴国
860	乌兹别克斯坦	成员国	792	土耳其	对话伙伴国
4	阿富汗	观察员国	818	埃及	对话伙伴国
112	白俄罗斯	观察员国			

注:伊朗于 2023 年被确定为上合组织正式成员国。

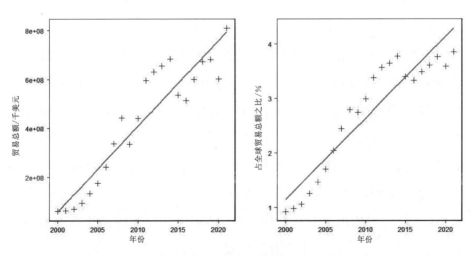

图 2 上合组织内部贸易趋势

图2进一步展示了2000—2021年上合组织内部贸易规模及其在全球贸易中的比重,二者自2000年以来均呈总体上升趋势,说明上合组织在全球贸易中的地位与影响力逐渐增强。成员国之间的贸易合作加强、贸易规模扩张有助于降低对外部市场的依赖,进而增加内部市场的稳定性,增强其风险抵御能力。

四、上合组织贸易网络抗毁性分析

(一)抗毁性分析

图3呈现了基于节点度和介数中心性两种攻击策略下的上合组织贸易网络抗毁性结果。由图3可见,策略1下,随着删除节点比例的不断增加,最大连通子图相对大小和相对网络效率总体上均呈不断下降趋势。策略2下,部分年份(2016年和2021年)的网络抗毁性在剔除节点比例超过40%的之后有回升迹象,但总体仍呈下降趋势。相比而言,当失效节点占比低于20%时,网络抗毁性的下降相对平缓,而当这一比例超过20%时,抗毁性的下降速度开始加快,表明上合组织贸易网络能够有效抵御来自外部的中低程度冲击。

此外,同种攻击策略、同种抗毁性衡量指标下,不同年份的抗毁性随失效节点占比的变化趋势存在一定相似性,抗毁性的总体大小随时间演进呈现递增状态,表明上合组织贸易网络抵御外部冲击的能力是上升的。这种上升趋势在失效节点占比较大时更加明显。以策略1下的最大连通子图相对大小为例,当失效节点占比低于30%时,历年最大连通子图相对大小趋势图基本重合,而当失效节点占比高于30%时,这一趋势开始出现分化。这表明,随着上合组织贸易体系不断发展和完善,其针对重大外部冲击的风险抵御能力不断凸显,体现了上合组织稳定区域经贸合作的积极作用。

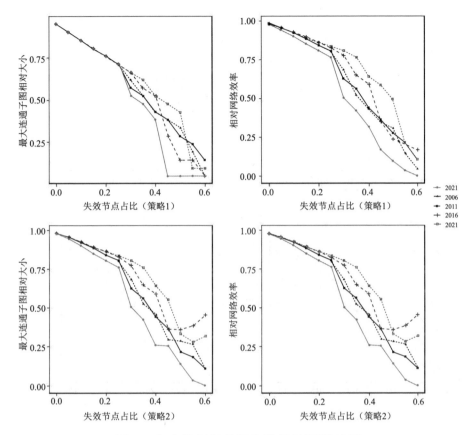

图 3　上合组织贸易网络抗毁性测算结果

（二）时间趋势分析

　　为进一步对比考察上合组织贸易网络抗毁性的相对大小和时间趋势，图 4 以策略 1 为例，绘制了上合组织和全球贸易网络抗毁性（相对网络效率）趋势图。其中，为刻画非线性时间演变趋势，采用基于受限最大似然估计（Restricted Maximum Likelihood, REML）的广义可加模型（Generalized Additive Model, GAM）对不同失效节点占比的网络抗毁性时间趋势进行非参数估计，并以阴影形式给出 95% 的置信区间，从而区分两种贸易网络抗毁性差异的显著性。

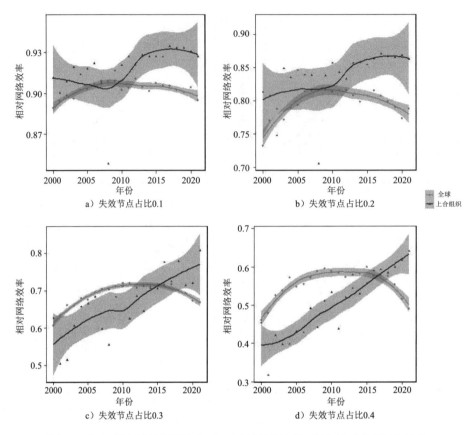

图 4　上合组织贸易网络与全球贸易网络抗毁性的时间演进趋势

图 4 显示,当失效节点占比低于 20％时,上合组织贸易网络抗毁性呈现曲折上升趋势,且在 2015 年以后显著高于全球贸易网络。此外,可以看到,2010 年之前,当失效节点占比低于 20％时,尽管上合组织贸易网络抗毁性与全球贸易网络抗毁性不存在统计上的显著差别,但总体上前者的抗毁性均值明显更高。上述结果意味着近年来上合组织通过贸易往来形成了更加稳定、更具风险承担能力的经济合作体系;相比于全球贸易网络,具有更强的负面冲击应对能力。

相比之下,当失效节点占比为30%或40%时,上合组织贸易网络抗毁性呈现出更加清晰的上升趋势,进一步说明20余年来上合组织经贸合作在抵御外部冲击、稳定经济等方面取得了长足进展。不过,相比于失效节点占比相对较低的网络攻击,上合组织贸易网络在遭遇更为严重的冲击时风险抵抗能力仍然偏弱。以失效节点占比30%为例,上合组织贸易网络抗毁性在2015年之前显著低于全球贸易网络,自2017年以后才显著高于全球贸易网络。这一差异在更强的网络攻击(40%失效节点)下表现得更加明显。不过,相比于全球贸易网络抗毁性随时间演变呈现出的倒U形走势,尤其是2018年以来,全球贸易体系受到贸易保护主义和COVID-19等的冲击,全球贸易网络抗毁性在这一背景下持续下降,而上合组织贸易网络抗毁性则持续上升,进一步彰显了加强区域经贸合作的必要性。

(三)稳健性分析

1. 阈值调整

为将贸易网络转化为相对稀疏的无权网络,前述分析采用30%的阈值作为网络连边的剔除标准,这一标准并无客观依据,且网络稀疏程度的变动可能对后续抗毁性分析结果产生影响。因此,为检验前述结果的稳健性,将阈值修改为35%,观察网络抗毁性是否发生较大变化。图5为阈值调整后的网络抗毁性测算结果,总体上与图3结果无本质差别。

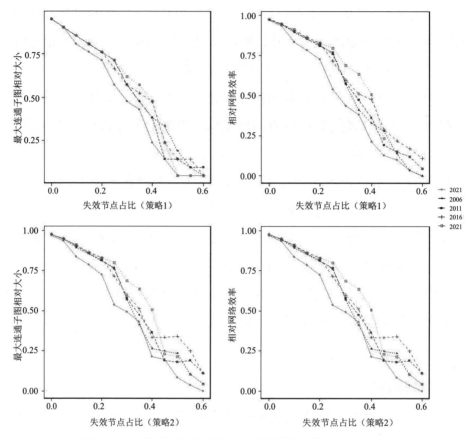

图 5　上合组织贸易网络抗毁性测算结果(阈值 35%)

2. 离散度分析

赵静、韩永启、周继彪研究指出,最大连通子图在表征网络分散度方面存在局限性,因此可以使用网络离散度衡量攻击导致的网络分裂程度。[①] 接下来采用节点失效离散度 Q_p 和连边失效离散度进行离散度分析。二者定义如下:

---

① 赵静,韩永启,周继彪. 蓄意攻击下城市轨道交通网络抗毁性分析 [J]. 城市道桥与防洪,2020(6):203-206,25-26.

$$Q_p = \frac{m'' + p}{m} \qquad (6)$$

$$Q_d = \frac{m''}{m} \qquad (7)$$

其中，m'' 代表攻击后的网络子图数量，p 为删除的节点数，m 为初始网络节点数。与前述抗毁性指标相反，离散度指标值越大，说明网络抗毁性越弱。

图 6 为上合组织贸易网络的离散度测算结果。随着失效节点占比的增加，节点失效离散度和连边失效离散度均呈现稳定的上升趋势，表明随着攻击力度增大，网络的抗毁性不断减弱。

从时间趋势来看，2001 年的节点失效离散度和连边失效离散度均相对其他年份更高，2021 年则相对其他年份更低，呈现出随时间推进不断下降的趋势，表明上合组织贸易网络近年来的一体化程度不断增强，即抗毁性水平不断提升。当失效节点占比低于 25％时，历年两类失效离散度基本重合，当这一比例高于 25％时，历年两类失效离散度开始分化，意味着上合组织贸易网络应对较大负面冲击的抗毁性得到明显提升。

总体上，图 6 基于离散度的测算结果反映了与图 3 基于最大连通子图相对大小和相对网络效率类似的演变与分布特征，进一步印证了前述结果的稳健性。

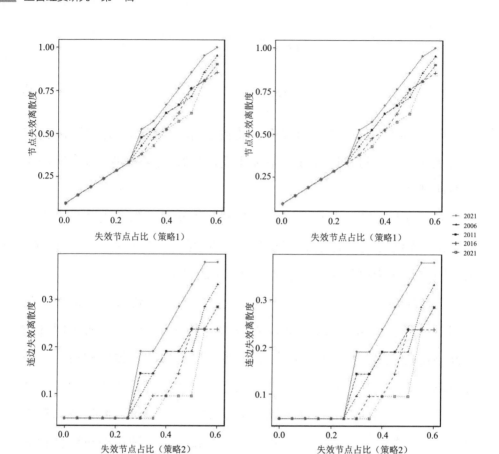

图6 上合组织贸易网络离散度测算结果

五、结论及政策建议

本文基于复杂网络相关理论,实证测度了 2000 年至 2021 年上合组织贸易网络抗毁性。研究发现,上合组织贸易网络抗毁性总体呈逐年提升趋势,表明 20 余年来上合组织经贸合作建设卓有成效。具体地,上合组织贸易网络抗毁性的逐年提升趋势在相对高的失效节点占比下更加明显,体现了组织内贸易体系应对重大冲击的风险抵御能力。与全球贸易网络相比,上合组织贸易网络在低强度攻击下的抗毁性明显占优,在高强度攻击下的抗毁性则在近年来反超全球贸易网络,且呈现出继续提升态势,与全球贸易网络抗毁性随时间演变而呈现的倒U形趋势形成了鲜明对比。

基于上述研究结论,未来应在保持上合组织结构稳健、保证既有网络抗毁性的基础上稳步加强经贸合作、扩大组织规模,以提升全球冲击应对能力,保障组织成员国经济稳定和发展。为此,提出以下政策建议。第一,加强区域经济合作和对话交流。鼓励成员国加强贸易合作、资源共享和产业互补,通过深化经济一体化,减少对单一市场的依赖,增加经济韧性。同时,促进成员国之间的政策对话和合作交流,分享经验,增加相互理解和信任,提高应对挑战的协同能力。第二,推进多边贸易协定。支持上合组织成员国积极参与并推动多边贸易协定的谈判和签署,以减少对双边贸易的依赖,增加贸易多样化,提升系统抗毁性。第三,加强基础建设和数字化能力。一方面,加大对交通、物流、通信等基础设施的投资,提升贸易网络的物流效率和连通性,为贸易活动提供更坚实的基础,提升抗毁性;另一方面,重视数字经济和电子商务的发展,促进跨境电子商务合作,推动贸易数字化,提高信息流动效率,以应对传统贸易受限的风险。第四,建立应急机制。建立应对突发事件的应急机制,包括贸易中断、自然灾害等。加强信息共享与协调机制,提高应对能力和灵活性。第五,多元化市场开拓。鼓励成员国寻求新的贸易方向和产品市场,减少对特定产品市场的依赖,拓展贸易渠道,降低单一市场的冲击风险。

2022 年中国对上合组织其他成员国贸易指数分析报告

魏　宏（青岛海关统计分析处，山东青岛 266100）

摘要：上合组织成立以来，我国与上合组织其他成员国经贸往来不断迈上新台阶，外贸进出口整体呈向好态势，上合贸易指数也准确反映出贸易稳步提升的发展历程。2022 年，上合贸易指数总体呈现波动回升态势，反映出我国与上合组织其他成员国贸易合作存在三大特点：贸易规模拉动作用明显、出口与进口差距继续缩小、贸易更加均衡。

关键词：上合组织其他成员国；贸易指数；2022 年

一、总体分析

2022 年，中国对上合组织其他成员国贸易指数（以下简称"上合贸易指数"）总体呈现波动回升态势。除 1、2 月分别达到 165.7 的年内峰值和 129.1 的年内最低点外，其余月相对平稳且波动上升，11 月达到 152.3 的年内次高点（表 1）。

表1 2022年中国对上合组织其他成员国贸易指数表

时间	综合指数	出口指数	进口指数
2022年1月	165.7	149.3	183.0
2022年2月	129.1	134.9	125.1
2022年3月	130.2	125.7	136.2
2022年4月	137.0	140.0	134.6
2022年5月	133.2	121.9	144.8
2022年6月	140.0	132.2	148.4
2022年7月	142.7	134.4	152.4
2022年8月	139.5	136.5	143.7
2022年9月	138.9	139.0	139.2
2022年10月	140.7	140.4	141.5
2022年11月	152.3	136.1	169.0
2022年12月	137.9	142.4	133.8

上合组织自2001年成立以来,我国与上合组织其他成员国经贸往来不断迈上新台阶,外贸进出口整体呈向好态势,2022年我国对上合组织其他成员国进出口总值创历史新高,上合贸易指数也准确反映了稳步提升的贸易发展历程(图1)。

从进口和出口两个指数看,2017年以来,进口指数长期领先于出口指数,带动综合指数呈波动上升态势。2022年除1月进、出口指数差距较大之外,其余月差距明显收窄,并且在2、4、12月出现出口指数高于进口指数。整体来看2022年进、出口指数差距有所收缩,进、出口贸易更加平衡。

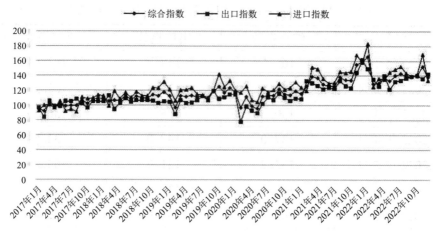

图1　2017—2022 年中国对上合组织其他成员国
贸易综合指数、出口指数及进口指数趋势图

二、相关性分析

(一)综合指数

从各一级指标看,2022 年,上合贸易规模指数震荡攀升,从 2 月 139.0 的年内最低点快速上升,8 月达到年内峰值 188.4,之后略有回调,12 月仍达到 176.6 的较高水平;发展速度指标高开低走,从 1 月的年内最高点 270.6 下降至 4 月的 108.3,之后小幅回升至 7 月的 125.8 后再度震荡走低,12 月降至 99.4;贸易质量指标年内大幅波动,3、4 月分别为年内最低点 119.0 和最高点 159.5,之后相对平稳波动,四季度后有所回升;贸易主体指标在经历了年初的震荡走低后,从 4 月的 99.3 逐步攀升至 8 月的 130.7,四季度在 120.0 的水平线上波动(表2)。

表2 2022 年中国对上合组织其他成员国贸易综合指数
及其一级指标变化趋势

时间	综合指数	一级指标			
		贸易规模	发展速度	贸易质量	贸易主体
2022 年 1 月	165.7	158.3	270.6	127.4	129.3
2022 年 2 月	129.1	139.0	152.1	122.9	100.7
2022 年 3 月	130.2	153.1	126.5	119.0	116.2
2022 年 4 月	137.0	158.7	108.3	159.5	99.3
2022 年 5 月	133.2	169.9	112.6	121.9	115.6
2022 年 6 月	140.0	179.4	117.5	124.0	127.4
2022 年 7 月	142.7	183.2	125.8	121.9	130.2
2022 年 8 月	139.5	188.4	97.7	124.4	130.7
2022 年 9 月	138.9	186.3	98.7	125.4	128.3
2022 年 10 月	140.7	175.9	107.9	142.5	118.0
2022 年 11 月	152.3	181.6	163.3	134.2	124.8
2022 年 12 月	137.9	176.6	99.4	132.5	126.7

纵观四个一级指标,2022 年贸易规模成为综合指数上升的主要因素,发展速度反向拉动作用明显,贸易质量、贸易主体均为抑制因素(图 2)。

（二）出口指数

2022 年的出口指数及其一级指标计算值如表 3 所示。

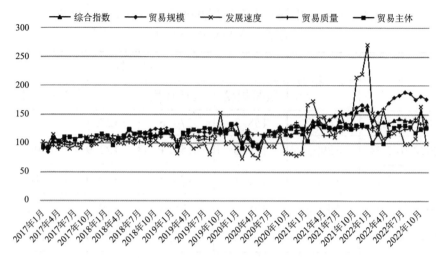

图 2　2017—2022 年中国对上合组织其他成员国贸易综合指数
及其一级指标趋势图

表 3　2022 年中国对上合组织其他成员国贸易出口指数及其一级指标表

时间	综合指数	一级指标			
		贸易规模	发展速度	贸易质量	贸易主体
2022 年 1 月	149.3	153.9	192.0	126.4	133.9
2022 年 2 月	134.9	124.4	191.8	129.2	102.2
2022 年 3 月	125.7	126.9	142.3	124.5	108.9
2022 年 4 月	140.0	123.3	110.1	203.6	99.5
2022 年 5 月	121.9	129.7	109.1	125.6	117.4
2022 年 6 月	132.2	147.4	118.8	128.0	128.9
2022 年 7 月	134.0	157.9	111.1	123.6	136.6
2022 年 8 月	136.5	160.7	114.3	129.5	132.8
2022 年 9 月	139.0	166.0	106.6	136.1	135.5
2022 年 10 月	140.4	150.6	135.8	142.4	126.5
2022 年 11 月	136.1	156.5	104.8	140.1	130.9
2022 年 12 月	142.4	170.3	105.2	144.7	134.4

2022 年贸易规模大幅增长拉动出口指数，发展速度低位运行抑制出口指数，四季度贸易质量发挥了正向拉动作用（图 3）。

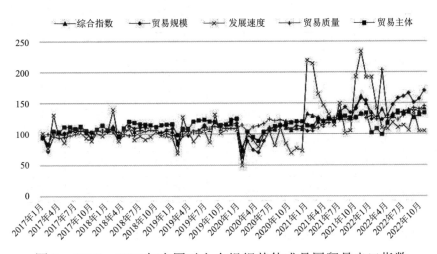

图 3　2017—2022 年中国对上合组织其他成员国贸易出口指数
及其一级指标趋势图

（三）进口指数

2022 年中国对上合组织其他成员国贸易进口指数及其一级指标计算值如表 4 所示。

表 4　2022 年中国对上合组织其他成员国贸易进口指数及其一级指标表

时间	综合指数	一级指标			
		贸易规模	发展速度	贸易质量	贸易主体
2022 年 1 月	183.0	162.7	349.3	131.4	124.7
2022 年 2 月	125.1	153.6	112.3	122.2	99.2
2022 年 3 月	136.2	179.2	110.7	118.5	123.5
2022 年 4 月	134.6	194.2	106.5	117.4	99.1
2022 年 5 月	144.8	210.1	116.2	119.2	113.9

续表

时间	综合指数	一级指标			
		贸易规模	发展速度	贸易质量	贸易主体
2022 年 6 月	148.4	211.3	116.3	122.0	125.9
2022 年 7 月	152.4	208.5	140.4	123.4	123.7
2022 年 8 月	143.7	216.0	81.2	123.3	128.5
2022 年 9 月	139.2	206.5	90.7	116.3	121.1
2022 年 10 月	141.5	201.2	80.0	144.3	109.5
2022 年 11 月	169.0	206.8	221.7	129.9	118.6
2022 年 12 月	133.8	182.9	93.7	121.5	119.0

2022 年贸易规模是进口指数的拉动主力,发展速度、贸易质量、贸易主体均为抑制因素(图 4)。

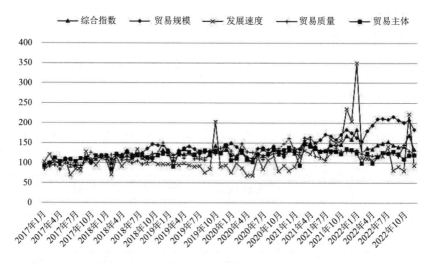

图 4　2017—2022 年中国对上合组织其他成员国贸易进口指数及其一级指标

三、总结

2022 年,我国对上合组织其他成员国贸易发展呈现出以下几个特点。

(1)在综合指数方面,贸易规模拉动作用明显,出口与进口差距继续缩小,贸易更加均衡。

(2)在出口指数方面,贸易规模表现突出,发展速度与 2021 年强势增长态势相比明显回落,四季度贸易质量正向拉动作用明显。

(3)在进口指数方面,进口贸易规模继续扩大,继续成为拉高指数的主力因素。

2023 年 1—8 月山东省对上合组织其他成员国进出口分析报告

杨 柳 张 坤

（青岛海关统计分析处，山东青岛 266100）

摘要：上合组织成员国利用在经贸领域互利合作的巨大潜力和宝贵机遇，广泛凝聚发展共识，持续深化务实合作。在共同繁荣发展中，货物贸易成上合组织区域发展的突出领域之一，展现出蓬勃生机。2023 年 1—8 月，山东省对上合组织其他成员国进出口 2 519.1 亿元人民币，同比增长 31.9%。主要特点包括对俄进出口增速继续放缓，占比持续回落；大宗商品进口占比超八成，原油进口增幅明显回落；机电产品出口占比过半且保持大幅增长；水路运输占比超八成，公路运输进出口倍增。俄石油延长减产、上调出口关税或将影响山东省对俄原油进口，山东省与中亚三国展开深入交流合作将为山东外贸注入新动能。

关键词：山东省；上海合作组织；对外贸易

据青岛海关统计，2023 年 1—8 月，山东省对上合组织其他成员国（印度、巴基斯坦、哈萨克斯坦、吉尔吉斯斯坦、塔吉克斯坦、乌兹别克斯坦、俄罗斯、伊朗，以下简称"成员国"）进出口 2 519.1 亿元人民币，同比增长 31.9%，进出口增幅连续两个月回落。其中，出口 1 063.1 亿元，同比增长 21.2%；进口 1 456.1 亿元，同比增长 40.8%。8 月，进出口 261.8 亿元，下降 20.3%。其中，出口 136.5 亿元，增长 5.7%；进口 125.3 亿元，下降 37.1%。

一、2023 年 1—8 月山东省对成员国进出口的主要特点

（1）对俄进出口增速继续放缓，占比持续回落。2023 年 1—8 月，山东省对俄罗斯进出口 1 785.7 亿元，同比增长 45.1%，占对成员国进出口总值的 70.9%；其中 6—8 月进出口增速逐月放缓，8 月增速较 6 月降低 106.9 个百分点。对印度进出口 467.9 亿元，同比增长 11.8%，占 18.6%。同期，对哈萨克斯坦、巴基斯坦和伊朗分别下降 6.2%、13.3% 和 5.2%；对乌兹别克斯坦、吉尔吉斯斯坦和塔吉克斯坦分别增长 46.6%、38.2% 和 58.8%。

（2）大宗商品进口占比超八成，原油进口增幅明显回落。2023 年 1—8 月，山东省自成员国进口大宗商品 1 265.2 亿元，同比增长 42.4%，占对成员国进口总值的 86.9%，拉动进口增长 36.4 个百分点。原油进口 1 022.7 亿元，同比增长 35.6%，拉动进口增长 26 个百分点，其中 6—8 月进口增速逐月放缓，8 月增速较 6 月降低 83.1 个百分点。同期，进口成品油、金属矿及矿砂分别增长 446.3%、113%。此外，进口农产品同比增长 24.8%。

（3）机电产品出口占比过半且保持大幅增长。2023 年 1—8 月，山东省对成员国出口机电产品 552.2 亿元，同比增长 38.5%，占对成员国出口总值的 51.9%。其中，汽车零配件、汽车出口分别增长 46.4%、

293%。同期,劳动密集型产品出口 109.2 亿元,同比增长 18.4%;基本有机化学品出口 72 亿元,下降 17.7%。

(4)水路运输占比超八成,公路运输进出口倍增。2023 年 1—8 月,山东省以水路运输方式对成员国进出口 2 090.5 亿元,同比增长 26.1%,占对成员国进出口的 83%。同期,铁路运输进出口 222.5 亿元,同比增长 37.2%;公路运输进出口 145 亿元,同比增长 218.2%;航空运输进出口 48.5 亿元,同比增长 31.1%。

二、值得关注的问题

(1)俄石油延长减产、上调出口关税或将影响山东省对俄原油进口。受西方对俄能源出口实施限价、海运禁运以及 OPEC+ 减产协议等多因素影响,俄罗斯石油出口量持续减少,截至 2023 年 8 月 20 日,俄罗斯石油产品出口量为 224 万桶/日,为 2022 年 5 月以来最低水平。国际能源署(IEA)预计,2023 年俄罗斯石油产量同比减少 22 万桶/日至 1 087 万桶/日。同时,自 2023 年 8 月 1 日起,俄石油出口关税上调至每吨 16.9 美元。俄罗斯经济发展部发布的预测数据显示,2023 年俄罗斯石油和天然气出口将实际下降 6.7%。2023 年 7 月、8 月,山东省分别自俄罗斯进口原油 81 亿元、81.5 亿元,分别下降 33.8%、49.8%,二者合计仅占俄前 8 个月进口原油总值的 16.1%。

(2)山东省与中亚三国展开深入交流合作,将为山东外贸注入新动能。2023 年 9 月 2 日,山东省代表团访问哈萨克斯坦、乌兹别克斯坦、吉尔吉斯斯坦等中亚三国,举行了 20 余场外事活动,开展了一系列经贸活动,签约了一批合作协议和项目,有力推动了山东省同中亚国家各领域务实合作,更好地实现优势互补、互利共赢,为深化山东省与上合成员国经贸合作注入强劲动力。

法治研究

国际营商合规治理与合规风险控制法律问题

王　瀚(青岛大学法学院,山东青岛 266100)

摘要:在百年未遇之大变局下,积极主动强化企业国际营商合规管理,增强企业国际营商合规体系建设,提升企业国际营商合规治理能力是我国在国际经济交往中增强合作、发展、竞争能力和抵御外来风险能力的重要方面。本文针对我国外向型经济外部经营环境与合规形势面临的新变化、我国国际营商合规治理面临的新形势和新特点、我国企业国际营商合规治理实践面对的三重压力以及我国企业国际营商合规治理实践的改进路径进行深入探讨,最后提出相关政策建议。

关键词:国际营商;合规治理;合规风险;控制法律

一、充分认识我国制度型对外开放大格局下强化国际营商合规治理的战略意义

2023 年是我国实施对外开放基本国策 45 周年和提出、践行"一带

一路"倡议 10 周年。在党的统筹、谋划和正确领导下,45 年来我国坚定不移地实施对外开放基本国策,综合国力大幅度提升,逐渐走向世界政治和经济舞台的中央,在国际事务和全球治理中越来越多地发挥大国作用。

在我国改革开放取得巨大成就的同时,统筹国内法治和涉外法治,加快涉外法治工作布局,强化法治思维,运用法治方法,有效应对挑战,积极应对风险,增强风险识别、争端预防和争议处置能力,既直接关切我国的经济主权、经济安全和发展利益,也关切我国各类外向型经济主体的切身经济利益和财产安全。在百年未遇之大变局下,着眼于国际经济秩序深度变革和国际经贸领域多重风险叠加的情势,积极主动强化企业国际营商合规管理,增强企业国际营商合规体系建设,提升企业国际营商合规治理能力是我国在国际经济交往中增强合作、发展、竞争能力和抵御外来风险能力的重要方面。

当前,国际经济法治化成为国际经济秩序塑造的主流趋势,国际社会在经贸领域涌现出大量国际经济条约和国际惯例及其相关的国际经济治理机构,国际经济争议的法治化倾向不断强化。遵循国际准则、国际规范、国际规制和国际标准是企业从事国际化经营,合法、有效和安全进行商事活动和经济行为的必备条件。可以说,企业走出去的第一道门槛就是遵循国际经济规则,企业国际化经营能否行稳致远、能否安全有效、能否取得营商利益与企业在国际经贸活动中能否做到全过程合规、系统性合规息息相关。如何把好国际营商合规关口是当前我国外向型经济发展的时代之问。

近年来,市场经济法治化的深度和广度不断强化,各国普遍基于国家经济安全、知识产权保护、社会秩序安全、环境安全、数据安全、人权保护等因素考量,密织商事活动和市场秩序管控的立法网络,构建商事活动和市场秩序管理机制,强化合规管理行政执法和司法手段,提升违规经营处罚力度,扩大对不合规行为的管辖范围和制裁对象。[①]凡此种种造成我国外向型经济发展外部法律环境和政策环境发生重大改变,我国海外投资和国际贸易面临交易国、投资东道国立法、司法、行政执法及行业规则、规制多重制度性限制,再加上全球经济进入贸易摩擦和违规处罚事件多发期,我国企业发展外向型经济的合规压力空前增大,对我国企业国际营商活动的合规管理和合规治理提出了许多新要求和新标准。

21世纪,世界地缘冲突频发,全球经济先后遭受2008年经济危机和俄乌冲突等的深度影响,发展趋缓,贸易保护主义迅速抬头。全球治理赤字、发展赤字交织,以美国为代表的西方各国为转嫁国内经济衰退风险,频频发动贸易制裁,引发全球贸易摩擦。特别是针对我国对外开放和国际经济发展,美国等不断通过制裁性行政法令,滥用长臂管辖,扩大经济制裁的范围和对象,国际经济领域制裁与反制裁的法律战时有升级,国际商事交易中的变量和各种不确定因素明显抬升,各种隐性经营风险和显性经营风险不断涌现,客观上对我国企业防范风险和合规管理提出了更高要求。

因此,现代企业建构完备有效的合规管理体系,遵循国际经济规则,遵守交易国、投资东道国的法律法规、行业规制、管理标准,既是国际社会国际营商治理的通行做法和普遍实践,也是法治化市场经济对商事主体的一般要求。我国企业在外向型经济中承载着产业链、供应链、市场链、价值链和数字经济链的建构作用,企业国际营商合规治理

---

① 宋晓燕. 全球治理视野下的国际经济秩序发展与法治化[J]. 东方法学,2023(2):99-109.

的质量和成效也就直接影响我国的国际经济安全和发展利益以及企业自身的经济利益。我国企业国际营商合规治理牵涉四种国际营商形态,分别是海外直接投资、进出口贸易及其关联经济活动、海外国际工程建设和我国企业海外金融证券交易。从理论上来说,企业国际营商合规治理具有双向性:一是企业自身的合规体系建构和有效运行,二是企业依据规则具体处理国际营商业务。企业国际营商合规治理是这两个方面的有机统一,前者是企业国际营商合规治理的内在要素,后者则反映企业国际营商合规治理的外部运行,两者应该相互协同,有效发挥合规治理效能。

二、当前我国外向型经济外部经营环境与合规形势面临的新变化

在我国外向型经济发展中,外部政治、经济和法律环境的变化将会深刻影响企业国际化经营的合规风险和合规治理。在跨国经营中,外部环境与合规治理深度融合、交互影响,这是开放型经济不可回避的客观现状。当前我国外向型经济面临多重风险和环境变动的影响。

(一)当前我国外向型经济外部经营环境发生变化的基本方面

因俄乌冲突等因素影响,全球经济发展环境恶化,贸易摩擦加剧,贸易保护主义快速升温,许多国家和地区收紧了对国际经济活动的合规管控,加强了对国际经贸活动的合法性审查,对违规交易处罚力度加重,国际经贸活动中的不确定因素和交易风险明显抬升。特别是自2022年俄乌冲突爆发以来,西方国家形成对俄制裁联盟,俄罗斯实施反制措施,引发制裁与反制裁的法律战,导致全球经济动荡,世界经济面临高位通胀风险,出现粮食危机、能源危机、社会危机、供应链中断危机,多重风险叠加,国际经贸环境恶化,履约风险增大,全球经济重振和复苏阻力增大,很多国家面临破产风潮和资产重组、跨境购并等

法律问题。

自 2018 年以来,美国单边制裁不断升级,在全球制造贸易摩擦,特别是针对我国采用长臂管辖,通过一系列制裁性贸易行政法令,加强域外执法,增强次级制裁,对我国高科技产业、两用物项进出口和关键技术及物料进行管控,断供断链,封堵施限,持续制造贸易摩擦,全面挑战我国对外开放基本国策,采取对抗性经济行动对冲我国"一带一路"倡议下的国际经济合作。

而受全球经济衰退和经济重振政策影响,WTO 体制内的合法性贸易限制措施被上合组织各成员国普遍适用,借以保护国内市场,维护公平交易,由此导致国际反倾销、反补贴、贸易保障措施等法律争议频发。我国自 1979 年以来普遍遭受"两反一保"措施限制,给我国进出口贸易带来严重影响。此外,为应对全球气候治理,各国普遍将碳排放管制与进出口贸易挂钩,采用法律措施限制高碳产业国际经贸活动和富碳产品进出口,交易成本增加,进出口的技术环境标准提高,贸易合规管控级别提升,外向型经济发展面临诸多制度型障碍。同时,全球经济领域制度型权力博弈加剧,争夺区域性和全球性国际商事争议解决中心的竞争态势凸显,打造跨国经贸法律利益交汇点和战略支点渐成经济大国开展法律外交的战略目标。

科技变革亦对世界经济秩序产生了深远影响,科技、金融与法治的多维融合不断加深,数据法学、算法、人工智能法学等新兴法学领域涌现,区块链、物联网、无人机、云计算、大数据等科技领域进入法律规制范围而成为未来法治的新兴领域,人工智能和移动互联网为载体的涉外争议时有发生,在线争议解决、国际商事调解等新型国际商事争议处理机制已经出现,在外向型经济发展和国际经贸合作中产生大量现代法律问题,在取证、争议处理的程序法和实体规则适用上向法律服务业提出了许多新要求。

国际秩序变革进程复杂多变,各国普遍依赖涉外法律服务作为增强国际合作与发展竞争能力的重要支撑,国际交往中的法律外交与法律战日渐成为常态,涉外法律服务业已成为国家对外合作与竞争的重要力量,发展涉外法律服务业成为国家战略型行业。

(二)当前我国国际营商合规治理面临的新形势和新特点

国际经济的全球化发展,逐渐带动了经济执法全球化进程。[①]在我国经济高度融入全球化发展的背景之下,我国企业在国际化经营过程中面临着更为多边、更为复杂的全球经济执法形势,遭遇的合规风险也呈上升态势。

值得注意的是,近年来中国企业正在成为全球经济执法的重点对象。以美国为例,在2018年至2019年,中美贸易摩擦不断加剧,美国针对中国企业的各类经济执法的规模和力度前所未有,其中又以美国对中国通信和电子领域高科技企业的重点打击为甚。在2019年至2020年,中美贸易战不断升级,美国针对中国企业进行专门的规则修订、加强各类经济执法的力度意图明显。2021年,中美在出口管制和经济制裁领域的立法建设与执法力度均有所加强,域外管辖权规则博弈增加,第三国交易受到广泛波及;在高新技术等方面,两国贸易摩擦持续增强。此外,俄乌冲突以来西方国家对俄罗斯实施了10轮制裁,包括逾万项制裁措施,这些制裁措施广泛涉及包括我国企业在内的相关产业企业的国际化经营活动,对于全球经济执法的影响也十分深远。

---

① 李琴倩. 经济全球化趋势下国际经济法的发展[J]. 商业2.0,2023(24): 107-109.

　　首先,全球经济执法的规则呈现出多样性特点,除了传统的关贸措施、反垄断调查之外,301 调查、反腐败执法、投资和安全审查、出口管制与经济制裁执法的影响力和重要性凸显。通用数据保护则是近两年刚刚出现的新规则,对互联网及涉互联网产业的企业有着非常大的约束力。例如,2021 年美国将 131 家中国企业(不含个人)新增列入黑名单;欧盟亦更加频繁地使用限制性措施,并逐步加强了对两用物项的贸易管制;作为美国盟友的日本也在加强出口管制领域的双边机制,主要通过与美国合作,限制我国的高科技出口。

　　其次,全球经济执法力度持续加强,各类规则的执法和案件调查频繁程度明显增加。在全球经济执法中,近两年反规避执法、出口管制和经济制裁的案件数量大大超过以往。美国财政部海外资产控制办公室(OFAC)关于经济制裁的执法,在过去两年涉及的处罚/和解金额多于过去 10 年中任何一年的全年处罚/和解金额。欧盟也加强了《阻断法案》的适用,对制裁的使用也在逐年递增,制裁数量呈明显上升趋势。

　　再次,合规执法管辖权的扩大趋势明显,特别是以美国为首的国家频繁使用长臂管辖,将其国内法适用于国外企业。如美国在反腐败、出口管制和经济制裁等领域的执法均充分体现了长臂管辖。欧盟委员会亦表示,将更有力和迅速地实施和执行制裁、采取保护性政策,以阻断第三国对欧盟经营者非法域外适用制裁,包括建立制裁数据库、建立单一联络点、确保资金使用合规、建立匿名举报系统、加强制裁合作及进一步阻断单边制裁的非法域外适用。

　　最后,国际贸易管制和制裁国际合作领域还呈现出一些新动向与新特点。目前,国际贸易管制和制裁领域的多边机制主要包括瓦森纳安排机制、导弹及其技术控制制度、澳大利亚集团、核供应国集团等。近年来,多边机制逐步成为单边技术管制的重要工具。美国作为各多边机制的主要促成者和成员国,主导了现有多边机制的核心走向,极力推动将其国内的单边管制措施予以多边化,而利益联盟化趋势加强则主要体现在美国不断寻求与其盟国建立更为紧密的合作关系。

(三)我国企业国际营商合规治理实践面对的三重压力及其基本走向

当前,我国企业在外向型经营中面临三重合规治理的压力和影响。

首先,欧美普遍收紧合规法律监管,特别是在反海外贿赂、反洗钱、知识产权保护、产品出口管制、投资并购、商业秘密和数据隐私保护等领域立法复杂,监管力度不断加强,针对我国高新技术产业的执法强化,并将执法对象扩展到关联企业、关联利益分享者、参与者等第三方,只要成为西方企业代理商、分销商、供货商等均可能被列为执法对象。但西方国家在立法上普遍采用合规除罪的合规激励原则和相关机制,检察机构可以根据企业建立合规制度和机制的情况进行合规追责评估,以决定是否提起诉讼,是否与企业达成暂缓起诉协议或不起诉协议,或者向法院提出减免刑事处罚的建议。我国曾有数十家海外经营企业因违反美国反海外腐败法被立案,大部分通过与执法部门合作达成刑事和解协议,缴纳高额罚款,承诺完善合规计划以免遭严厉处罚。

其次,我国通过一系列企业合规管理规范,确立了"行政压力型"合规监管机制,依靠行政立法和行政执法的方式,强制企业建立合规管理机制,通过考核、报告、评估等方式进行合规管理,并通过多种措施处罚不依法建立合规机制的企业及其高管。这些有关合规管理的规范性文件都明确了企业合规体系建设的基本规则,确定了企业合规的年度报告制度、合规评估制度、处罚制度、合规认证等行政监管机制。[①]特别是 2021 年国务院国资委下发《关于进一步深化法治央企建设的意见》，提出了落实法治央企第一责任人、完善总法律顾问制度、健全法律风险防范机制、强化合规管理的总体安排，明确了央企 2025 年基本建成全面覆盖、有效运行的合规管理体系的目标，对法务机构、合规管理员、总法律顾问的职责及人员配备、知识素质、选聘任用、薪酬制度、激励机制等都做出明确规定。

再次，我国行政主导的企业合规制度建设主要参考国际合规的通行标准和国外企业合规的普遍实践，实际上把源于经济发达国家或市场经济成熟国家的合规治理理念引入了我国。这些合规治理理念包括防控风险理念、可持续发展理念和企业社会责任理念三个方面，成为我国合规机制建设的重要基础，被我国合规监管执法机构所采用。我国合规体系建设把防范和控制合规风险作为首要目标。合规风险有别于经营风险，又不同于法律风险，是企业在经营过程中因存在违规违法行为而被监管部门行政处罚或遭受司法机关刑事司法处罚的风险。合规能实现增值，预防风险和实现交易安全，避免或减少营商中的法律制裁或监管处罚，这是合规体系建设追求的目标。合规是组织可持续发展的基石。表面看来企业合规需要投入和治理成本，对实现企业利益和利润有负面影响，但从长远看，企业合规建设虽然不会增加收益和创造直接价值，但对避免风险和法律制裁、增强发展和竞争能力、提升企业信誉、实现交易安全、避免企业收益减少有积极效果，这种效果就是可持续发展效果。

[①] 郑雅方，方世荣. 论促进企业合规管理效率的政府监管[J]. 中外法学，2023，35（6）：1480-1498.

应当注意的是,国际营商合规在实践中出现了预防性合规和竞争性合规并存的发展动向。目前,我国外向型企业在合规管理工作中普遍缺乏对竞争性合规的认识和跟踪研究,导致企业合规管理体系建设仅仅局限于预防性合规,存在合规管理目标单一的结构性缺陷。近年来,国际营商合规治理实践出现了一些新的动向。一是企业是否拥有健康、完善和有效运行的合规治理体系,是国际经营中能否被选择为商业合作伙伴和重要商事契约签约的评价性标准,成为影响企业进入国际市场或获得商业机会的风向标。二是从近期制裁性经济发展态势看,出现了扩展性制裁的变化趋势,将管制和制裁措施从违规经营主体扩大到关联企业、关联受益者或关联利益分享者。中小企业合规经营的外部情势已出现非传统变化,中小企业虽然没有直接的违规商事活动,但与被控违规企业有关联业务时也将遭受合规调查和监管约束,如果不增强合规经营治理能力,经营安全将受到威胁。

三、我国企业国际营商合规治理实践中存在的问题与改进路径

目前,我国企业在国际营商合规管理工作中还存在许多模糊认知和实践偏向,归纳起来反映在以下方面。

首先,企业合规管理范围和目标普遍拘泥于传统的预防性合规,以实现国际经营风险预防和控制为目标,忽略竞争型合规(或称进取型合规)等现代合规目标管理,合规管理体系和结构不够完整,难以系统和全面满足国际营商合规治理的实践需求。对设置企业合规管理机构及其地位和职能亦存在模糊认识,缺乏相关立法规制,存在是否有必要设置的疑惑,以及在实践中存在审计、合规、财务甚至纪委混合管理问题。

其次,企业合规管理实际工作中对合规管理的核心环节和重要节

点的处理缺乏协同性和关联性。突出表现为对交易国尽职调查与合规管理的协调和结合不充分;合规管理与争端预防的协调和衔接有偏差;重视对交易国和投资东道国法律法规等规则制度层面的风险点排查和立法研判,忽视对交易国和投资东道国执法和司法程序及其实践环节的动态研判和风险点排查;重视企业自身合规机制和合规制度建设,忽略企业在合同签订和合同履行中的合规管理操作。另外,还存在企业合规管理证据和档案管理机制薄弱、处置合规风险和合规事件的对策储备不足、应对能力有限、合规管控"工具箱"不充足等缺陷。

再次,目前我国没有统一的合规风险预警机制和评估制度,也缺乏重点领域风险清单。对国内经营中的商业贿赂、不正当竞争、税收、知识产权、环境保护、产品质量、银行信贷等高风险领域,没有建立专门的合规风险防范机制,对海外经营中的反腐败、反商业贿赂、反洗钱、数据保护、投资安全审查、出口管制等风险多发领域,也缺乏行之有效的合规风险评估机制。在应对国际经营风险时,外向型企业应当树立全员合规、系统性合规和全过程合规的管理理念,建构与此相适应的合规管理制度和体系,统筹推进企业的国际营商合规体系、合规制度和合规管理技术建设,全面提升合规管理能力。同时,企业应当对全员实行合规管理,建立全流程合规监管和预警信息报告制度,对企业和员工的违规经营行为及时发现、及时识别、及时报告、及时处置,避免实际风险的发生。现实中,我国企业合规体系建设还存在部门协同不足、沟通协助不畅、信息报告反馈渠道缺失等严重问题,企业因此难以快速反应和应对风险。

最后,在违规行为发生后,或者由违规行为引发的危机出现后,企业应当及时展开内部合规调查,一方面对违规行为进行及时披露,另一方面对违规责任人进行及时惩戒。同时,对于企业存在的合规管理制度漏洞和缺陷应及时加以弥补,进行必要的整改工作。我国一些企业缺乏对合规危机的有效应对机制。在违规事件发生、监管部门介入之后,个别企业不采取及时有效的补救措施,动辄采取逃避监管、伪造证据或者以欺骗方式应对监管,甚至在应对调查过程中继续采取违法违规行为,经常错过完善合规机制的最佳时机,以至于引发更为严重的后果。

我国立法亦应确立合规激励制度。合规激励制度是市场发达国家合规体系建设较为通行的做法。合规激励制度是指企业在违法违规行为发生之后,可通过建立或者完善合规计划,来换取政府部门的宽大处理。合规激励可分为行政监管激励和刑法激励两大类,前者是指行政监管机构对于已经建立合规机制的企业,可以处以较为宽大的行政处罚,如通过罚款来免除更为严厉的行政处罚。企业也可以与监管机构达成和解协议,承诺在考验期内缴纳高额罚款,建立有效的合规计划,甚至同意监管部门派驻合规监察官,在考验期结束后,监管部门可以对其免除或者减轻行政处罚。所谓刑法激励,则是指刑事追诉机构对那些涉嫌实施违法犯罪行为的企业,可以其建立的合规计划为依据,对其做出不起诉决定,或者申请法院减轻刑事处罚。检察机关也可以通过与企业达成暂缓起诉协议或者不起诉协议,责令其缴纳高额罚款,在考验期内完善合规计划,并派驻合规监察官,在考验期结束后可以撤销起诉。合规激励机制的存在,是企业合规制度得到企业高度重视并迅速向全世界推行的关键原因之一。

综上,我国企业国际营商合规治理体系建设的路径牵涉企业合规体系建设,涉及企业内部合规机构设置、合规管理运行平台设施、合规团队建设、合规管理规程、合规文化等多元要素。加强合规建设应着力关注以下几个方面:总法律顾问或法务总监领导下的合规团队;企业合规机制;企业合规管理政策;合规风险管理计划;合规风险管理和违规事件处置流程(风险识别、风险预防、违规事件处置、风险控制);企业合规文化及合规培训制度;等等。

"一带一路"数字经济法治化的逻辑、困境与应对 *

陈　喆(青岛大学法学院,山东青岛 266100)

摘要: "一带一路"数字经济发展所面临的传统国际公共产品收益分配模式缺陷、共建国家复杂情势以及逆全球化浪潮出现等现实阻碍,使得探索法治化的治理路径成为必然选择。面对"一带一路"数字经济法治化中的顶层设计阙如、全球治理赤字、数字鸿沟及数据安全等困境,要秉承平等互利、协同治理以及数字正义原则,完善顶层设计以定位发展方向,构建多元协同治理模式以应对新技术冲击,弥合数字鸿沟以保障弱势群体权益,保障网络安全以构建数字经济支撑体系,以实现构建"一带一路"数字经济命运共同体的治理目标。

关键词: "一带一路";数字经济;治理法治化

---

　　* 基金项目:本文系山东省社科规划打造山东对外开放新高地研究专项"'一带一路'数字经济发展的法治路径研究"(21CKFJ09)的阶段性成果。

当前,数字经济因发展速度快、辐射范围广、影响程度深等特点,已经成为重组全球要素、驱动全球经济、变革全球格局的关键力量。利用数字赋能、打造"数字高地",不仅能够推动国内经济的快速增长,推进产业的迭代升级,也能为国际交流与合作提供全新势能。2017年,"数字经济"被首次写入我国的《政府工作报告》。同年,我国和其他七个国家共同发起了《"一带一路"数字经济国际合作倡议》,提到要拓展数字经济领域的合作,致力于实现互联互通的"数字丝绸之路",数字经济在"一带一路"的发展中开始发挥更加重要的作用。党的二十大指出,推进高水平对外开放,需要推动共建"一带一路"高质量发展,这离不开数字经济发展提供的新动能。然而,数字经济的快速发展也为"一带一路"的治理带来了严峻的挑战,亟须提升数字经济治理水平,实现治理手段的法治化,这有助于提升数字经济的国际竞争水平,推动"一带一路"的高质量发展,也是贯彻习近平法治思想核心要义中统筹推进国内法治和涉外法治的应有之义。

一、"一带一路"数字经济法治保障的框架分析

对"一带一路"数字经济的法治保障进行研究,需要在"一带一路"发展的框架之下,立足全球视角,着眼于区域内数字基建、数字投资与数字贸易等经济活动,推进区域经济的合作与发展。为此,通过法治建设保障"一带一路"数字经济的发展,要注重对"一带一路"数字经济的治理因由、治理原则和治理目标进行整体上的把握,构建总体上的"一带一路"数字经济法治保障的分析框架,厘清"一带一路"数字经济发展的基本逻辑,为后续研究"一带一路"数字经济所面临的法治困境及应对打下基础。

（一）治理动因为"一带一路"数字经济的发展

近年来，随着数字经济在全球的兴起，"一带一路"数字经济也呈现出飞速发展的局面，我国与共建"一带一路"国家在数字基础设施建设、跨境电商、新型金融支付方式等方面的经济合作不断取得新进展。2020年新冠疫情的发生为各类远程服务的发展提供了契机，例如，原有的各类线下展会改为线上、线下相结合的远程会展新模式，降低了参展成本和门槛，进一步提升了展会的影响力；再如，"互联网＋健康医疗"、远程网络教育都成为数字经济合作的重要内容。① 数字经济规模持续扩大，近年来呈现出"逆势上扬"的态势，高于同期全球国内生产总值名义增速。根据华为和牛津经济研究院的研究显示，到2025年，全球产业数字化机会将高达23万亿美金。②

然而，在"一带一路"数字经济如火如荼发展的背后，也需要看到，作为国际公共产品和国际合作平台，"一带一路"数字经济的发展面临更多的阻碍。传统的国际公共产品收益分配模式源自巩固霸权主义和自由主义的需求，成员之间的不平等造成了公共产品供给低效的问题。③ 伴随着"一带一路"数字经济的发展，网络恐怖主义、网络犯罪及跨境数据流动等非传统问题出现。针对这些问题，尚未有全球统一的数字治理规则，也缺乏相应的合作机制可供借鉴。因此，现有的国际

① 安晓明."一带一路"数字经济合作的进展、挑战与应对[J].区域经济评论，2022（4）：123-131.

② 徐文伟.我国的数字经济和产业转型将成为世界标杆[EB/OL].https://finance.sina.com.cn/meeting/2019-12-14/doc-iihnzahi7483088.shtml.

③ 方丽娟，张荣刚."一带一路"数字经济治理逻辑、问题及应对[J].理论导刊，2020（11）：70-75.

公共产品相关规则难以解决"一带一路"数字经济的治理问题,亟须研究适用于"一带一路"数字经济发展的相关法治保障,以推动"一带一路"数字经济治理的完善。

同时,"一带一路"的特殊情况也使得"一带一路"数字经济的发展面临着更多的挑战,这也造成了法治保障构建的困难。首先,共建"一带一路"国家国情复杂,许多国家仍处于社会转型期,政治形势复杂,政局变化频繁,导致对外政策稳定性差,且一些国家在宗教、文化等方面多有冲突,甚至由此引发了频繁的战乱,这使得"一带一路"数字经济容易在政治领域产生争端和摩擦,加大了治理的难度。① 其次,共建"一带一路"国家多为发展中国家,缺乏发展数字经济的数字基础设施、专业技术以及专门人才等,数字经济发展的落后使得相关国家在数字经济规则的制定中缺乏话语权。中国尽管数字经济发展迅速,但也面临着来自美国等发达国家的封锁。最后,逆全球化浪潮的出现,使得各国对本国数据的管控和本地保护更为严苛,这对建立互通、互信、共赢的"一带一路"数字经济带来了阻碍。当前,全球化下的多边主义遭受冲击,单边主义甚至极端主义开始抬头,这影响了"一带一路"数字经济建设的进程。而美国在数字经济领域实施的数字霸权,进一步破坏了"一带一路"数字经济发展的外部环境。

(二)指导原则需结合数字正义理论与国际法规则

为"一带一路"数字经济的发展提供法治化保障,需要相应的国际法规则,同时,由于数字经济的发展有其特殊性,还应当结合相关的数字时代治理理论。鉴于此,可以从以下几个方面来把握"一带一路"数

---

① 赵祺. 后疫情时代数字"一带一路"的机遇与挑战[J]. 当代世界与社会主义,2021(6):34-42.

字经济的治理原则。

第一,平等、互利原则。"一带一路"建设需遵循共商、共建、共享的原则,这就使得"一带一路"数字经济的发展,不仅能惠及中国,还能促进共建国家经济的发展。因此,为"一带一路"数字经济的发展提供法治保障,首先应当遵循平等、互利的基本原则,这也是构建"一带一路"法治化体系所遵循的首要指导原则。[①]纵观我国的发展历程,在经济腾飞的过程中曾经遭受过西方发达国家实施的经济制裁。正因为曾经历过霸权主义,中国在开展"一带一路"合作伊始就以平等、互利为原则,不以"老大"自居,不将自己的规则强行施加于共建国家。在发展"一带一路"数字经济的法治保障过程中,要坚持平等、互利原则,加强多边或双边磋商的协同机制,尊重并倾听各方意见和建议。[②]在此过程中,需要特别重视数字基础设施不完备、数字专业技术人才紧缺国家的发展困难,在制定规则时可以偏惠于这些国家,以法治的力量助推共建国家数字经济的发展,以平等、互利实现合作共赢的目标。

第二,协同治理原则。随着互联网的发展,传统国家与社会之间的二元结构发生了改变,在当今的数字社会中,逐渐呈现出国家、平台、个人的三元结构。这一三元结构融入了市场主体及平台,兼具网络空间与物理空间。这也使得社会治理模式发生了转变,数字技术逐步衍生为辅助、并行乃至替代人工决策的社会治理工具,治理主体亦附随

[①] 刘敬东."一带一路"法治化体系构建研究[J].政法论坛,2017,35(5):125-135.

[②] 刘敬东."一带一路"法治化体系构建研究[J].政法论坛,2017,35(5):125-135.

数据或数字技术的占有或控制而发生变化。^① 在此背景下，多主体的协同治理尤为必要。在数字经济的发展过程中，平台起到了至关重要的作用，商业平台和技术平台完全可以实现与政府机构协同治理、互动共赢，可以把科技革命带来的巨大利益逐渐转化为政府与民间的相互赋权和相互塑造。^② 因此，对"一带一路"数字经济进行治理，除了可依托国家与国家间的"硬"规则之外，还应当更多地运用平台的"软法"，注重"软监管"，形成"软硬协同"的治理模式。

第三，数字正义。随着数字社会的发展，技术在为人们带来诸多便利的同时，也诱发了算法黑箱、算法歧视等一系列不正义的问题。为此，社会开始呼唤数字正义。数字正义理论是数字时代的正义理论，是关于法律作用、促使个人参与解决纠纷的理论，是数字社会中实现社会正义的必备组成部分，也是数字经济发展应当遵循的正义理念。数字正义的实现，体现在数据资源的合理分配、数字权利的充分配置、算法决策的公开透明和代码规制的规范有效上。^③ 因此，在"一带一路"数字经济发展的过程中，也应当保障数字正义的实现。应建立针对数字正义的复合型规范制度体系，强化针对数据、算法和平台的规制，努力实现共建"一带一路"国家人民数字权利的充分配置，并提供相应的权利救济方案。需要注意的是，尽管互联网的发展导致一些不正义

---

① 裴炜. 共建共治共享理念下数字社会治理的多主体协同[J]. 数字法治，2023（2）：17-23.

② 马长山. 数字社会的治理逻辑及其法治化展开 [J]. 法律科学（西北政法大学学报），2020，38（5）：3-16.

③ 周尚君，罗有成. 数字正义论：理论内涵与实践机制[J]. 社会科学，2022（6）：166-177.

现象发生,但是,技术本身也为解决纠纷提供了新的可能性和方式,而技术方案的存在为预防纠纷发生提供了可能性。①

(三)治理目标指向构建"一带一路"数字经济命运共同体

发展数字经济,体现了"一带一路"倡议的时代性和先进性。以数字经济为依托,可以推动共建"一带一路"国家数字基建、数据流通、数字贸易的发展,能够有效提振区域贸易,可以成为共建"一带一路"国家经济增长的新抓手。"数字丝绸之路"正是在此基础上构建的,力在融合传统经济形态与新型经济形态,"形成线上与线下双重空间结合、大中小型企业交互、先发后发国家共同参与建设的经贸合作格局"。② 因此,为了推动"一带一路"数字经济的发展,我们需要坚持多边主义,推进协同治理。"没有哪个国家能够独立应对人类面临的各种挑战,也没有哪个国家能够退回到自我封闭的孤岛。"③ 数字经济通过网络虚拟空间将共建国家紧密联系在一起,打破了国与国之间的物理界限。这便利了共建国家之间的交流,却也使其需要共同面对可能的风险,因此,构建数字经济命运共同体,是"一带一路"数字经济法治化的目标所在。"一带一路"数字经济命运共同体,是人类命运共同体在数字经济时代的体现,也是共建"一带一路"国家共同的诉求。

---

① 〔美〕伊森·凯什,奥娜·拉比诺维奇·艾尼. 数字正义——当纠纷解决遇见互联网科技 [M]. 赵蕾,等,译. 北京:法律出版社,2019:263.

② 赵骏. "一带一路"数字经济的发展图景与法治路径 [J]. 中国法律评论,2021(2):43-54.

③ 习近平. 决胜全面建成小康社会 夺取新时代中国特色社会主义伟大胜利——在中国共产党第十九次全国代表大会上的报告 [N]. 人民日报,2017-10-28(1).

二、"一带一路"数字经济发展的法治困境

作为一种新生的经济形态,数字经济已经无法被传统的经济法治所完全覆盖,亟须寻求新的变革。而"一带一路"的发展也面临着全球治理赤字以及单边主义的冲击,使得"一带一路"数字经济的发展面临着双重障碍,造成了法治发展的诸多困境。

(一)"一带一路"数字经济发展顶层设计缺乏

发展数字经济,共建"数字丝绸之路",已然成为"一带一路"倡议的重要组成部分。为了更好地融入"一带一路"数字经济的发展,我国许多省市出台了与"一带一路"数字经济相关的发展方案。但是,由于这些举措是各省市自行发布的,缺乏统一的设计和规划,反而导致了资源冲突、重复建设等问题,潜在地增加了发生数字经济风险的概率,进一步增加了"一带一路"数字经济中法治建设的成本。

而在全球治理方面,当前数字经济的相关规则供给不足,缺乏统一的共识和框架,这也导致了在处理"一带一路"数字经济问题时呈现出以关系治理为主的局面。截至 2023 年 1 月 6 日,中国已经同 152 个国家和 32 个国际组织签署 200 余份共建"一带一路"合作文件,但多数未签署自由贸易协定(FTA)。关系治理尽管较为灵活,但缺乏相应的规则保障,这增加了义务履行的不确定性。而在逆全球化的浪潮下,各国的政治、经济政策也多有分化,难以从顶层设计出发,达成一致的行动意见。

(二)新兴科技的冲击加剧了全球治理赤字

人工智能、大数据和区块链等新兴科技,促进了数字经济的飞速发展,深刻改变了人们的生活方式,人类开始进入数字时代。然而,与之相关的新问题也不断出现,冲击了传统的全球治理体系,进一步加剧

了全球治理赤字的问题。例如,人工智能的发展为人类带来了便利,却也影响到了国际法中原有的居民制度、国际人权法等领域,甚至可能形成威胁一国主权的人工智能霸权。① 大数据的发展为数据的流通带来了便利,却也加大了对数据管控的难度,增加了个人信息和个人隐私泄露的风险。区块链去中心化、无法随意篡改等特点尽管保障了数据的安全,但也与传统的"强中心化"监管手段相矛盾,而基于区块链技术发展的数字货币由于缺乏相应的统一规制与管理,引发了诸多金融方面的问题,甚至可能影响到发展中国家的金融主权。

为了应对这些问题,大部分国家制定了相应的规则予以治理,然而,由于各国的数字经济发展情况及政治、文化、宗教等背景的不同,这些治理方案相互间多有冲突,而共建"一带一路"国家错综复杂的国情使得这一现象尤为突出。规则的竞合非但没有解决现有的问题,反而增加了"一带一路"数字经济法治建设的成本,进而制约了"一带一路"数字经济的进一步发展。

(三)"一带一路"数字鸿沟存在持续扩张的风险

当前恰逢世界百年未有之大变局,国际形势的不稳定性愈加凸显,而此前新冠疫情的冲击更是对经济发展带来了深远的负面影响。为了应对这些挑战、促进经济发展,发展借由新科技、新技术而产生的数字经济已成为各国共识。根据测算,2021 年,全球 47 个主要经济体数字经济增加值规模为 38.1 万亿美元,同比名义增长 15.6%,占 47 个国家 GDP 的比重为 45.0%。但需要注意的是,其中,发达国家数字经济具有明显的领先优势。2021 年,发达国家数字经济规模达到 27.6 万

---

① 赵骏.“一带一路”数字经济的发展图景与法治路径[J]. 中国法律评论,2021(2):43-54.

亿美元,占 47 个国家总量的 72.5%,从占比看,发达国家数字经济占 GDP 比重为 55.7%,远超发展中国家 29.8%的水平。传统经济发展中"南北差异"的国际格局延续到了数字经济中,发达国家与发展中国家形成了数字鸿沟,且存在着持续扩大的风险。

目前,由于发达国家具有互联网基础,掌握了更多的数字资源,数字经济的发展更为强势,例如,2021 年美国数字经济规模蝉联世界第一,达 15.3 万亿美元;发达国家的数字经济增速也远远高于数字经济落后的国家,如 2021 年挪威数字经济同比增长 34.4%,增长率位居全球第一。在数字经济飞速发展的同时,这些国家也控制了先进的数字技术和资源,提高了发展中国家在这一领域的准入门槛。部分国家在数字经济的发展中继续推行单边主义和霸权主义,排斥对数字经济的协同治理,甚至以不正当的技术手段干扰或控制其他国家的政治、经济,进一步阻碍了发展中国家数字经济的发展,也影响了数字经济的全球治理。中国尽管也有着较大的数字经济规模,但是,在发展的过程中仍备受打压,在国际秩序和规则构建中的话语权仍需加强。

与发达国家飞速发展的数字经济相对的,是其他国家数字经济的落后。据世界银行统计,在发展中国家中有 60%的人无法使用互联网,在最不发达国家这一比例高达 85%。这些国家尚缺乏完善的网络基础设施,且网络基础设施多集中在首都等大城市,互联网普及率及利用率都很低,存在着大量的"数字洼地"。在共建"一带一路"国家,数字经济发展水平存在着巨大差异,在规则阙如的情况下,数字鸿沟可能持续扩大,进而影响到"一带一路"数字经济的持续深入合作与发展。

(四)"一带一路"跨境数据流通影响数据安全

在数字经济的发展中,数据跨境流通贡献良多,已经成为拉动全球经济增长的新引擎。据统计,2009—2018 年,全球数据跨境流通对全球经济增长贡献度高达 10.1%,预计 2025 年有望突破 11 万亿美元。[①] 在"一带一路"数字经济的发展中,跨境的数据流通也扮演着重要的角色。而与跨境数据流通所带来的巨大收益相伴随的,是愈来愈多的不确定性因素对数据安全带来的现实或潜在的威胁。

首先,平台企业可能面临其他国家的制裁和封杀。数据的跨境流通也意味着相应的平台企业在海外的扩张,这也使得这些企业面临着海外市场监管的不确定性。以抖音旗下的海外短视频平台 Tik Tok 为例,Tik Tok 在上线不到一年的时间即覆盖了 150 多个国家和地区,却在 2020 年开始遭到海外多国的围堵,极大地影响了其发展。在"一带一路"数字经济发展的过程中,平台企业若想出海发展,也可能会面临此种风险。[②]

其次,部分国家可以通过对企业的控制来非法获取数据。数据已经成为当前国际竞争的新焦点,"棱镜"事件的爆发揭露了美国国家安全局通过进入微软、谷歌、苹果、雅虎等九大国际网络巨头的服务器的方式,监控美国公民乃至全球公民的电子邮件、聊天记录、视频及照片等秘密资料,这对全球的网络安全构成了严重的威胁。共建"一带一路"国家的数据流通势必要借助相应的企业平台来实现,而当前大多数主流互联网企业往往被控制在以美国为主的发达国家手中,这对"一带一路"数字经济的网络安全构成了潜在威胁。

---

① 陈兵,胡珍.数字经济下统筹数据安全与发展的法治路径[J].长白学刊,2021(5):84-93,2.

② 陈兵,胡珍.数字经济下统筹数据安全与发展的法治路径[J].长白学刊,2021(5):84-93,2.

最后,国家或企业可以通过数据的收集和监测,来预测、掌握信息,甚至控制他国的经济或者政治。在数字经济时代,大数据的运用使得对未来的预测成为可能,通过对相关用户的社会属性、消费行为、生活习惯等信息数据进行分析,可以实现对用户的准确刻画,进而实现对用户行为的掌握,使得定向信息推送、未来发展趋势的预测成为可能,如各平台常见的广告推介等。[①] 这一技术发展尽管为日常生活带来了诸多便利,但背后潜在的危险也影响到了"一带一路"数字经济发展中的数据安全。

三、"一带一路"数字经济发展的法治化路径探索

面对"一带一路"数字经济发展中所遇到的顶层设计阙如、全球治理赤字、数字鸿沟等困境,若要实现"一带一路"数字经济可持续良好发展,实现构建数字经济命运共同体的目标,亟待法治的保驾护航。要秉承平等、互利原则,发挥协同治理的作用,追求数字正义的实现,探索适合"一带一路"数字经济发展的法治化路径。

(一)完善"一带一路"数字经济法治化的顶层设计

探索"一带一路"数字经济的法治化路径,首先要完善顶层设计,这也决定了"一带一路"数字经济本身的定位及未来的发展方向。对顶层设计的完善,需要处理好国内与国际关系,统筹国内、国际两个大局,从国法治内和国际法治两个方面入手。

首先,应当持续完善我国数字经济的相关立法。在立足我国实践的基础上,学习借鉴国际社会成熟的相关经验,不断完善相关立法,形

[①] 陈兵,胡珍.数字经济下统筹数据安全与发展的法治路径[J].长白学刊,2021(5):84-93,2.

成系统、完备的数字经济法律体系,以为"一带一路"数字经济的发展提供可复制的经验范本。其次,应当统筹规划与"一带一路"数字经济发展相关的政策方案,避免出现各省市自行其是的局面,防止重复建设与资源竞合,充分发挥各地的长处,积极融入"一带一路"数字经济的发展。

在国际法治方面,要坚持规则导向,保障规则供给,实现规则治理。基于全球治理的理念,跨国交易与交往需要一套与之相适应的国际准则和规范[1],"一带一路"数字经济发展也是如此。保障规则供给,可以保障跨境数字经济活动的开展,增强活动的明确性、稳定性、透明性、可预期性,并减少交易成本,保护各方参与者。[2]在规则供给的过程中,应当考虑共建"一带一路"国家数字经济发展水平与接受程度的不同,在明确"一带一路"数字经济共建、共享、共赢的大框架之下,采用渐进式的手段,逐渐达成对规则的共识。在此过程中,还应当注重"硬法""软法"并举,采用更灵活的方式应对数字经济这一全新的经济形态。在"一带一路"数字经济规则的制定过程中,我国要积极参与国际规则的讨论与制定,秉承主动式的推进思维。

(二)构建"一带一路"数字经济多元协同治理模式

由于共建"一带一路"国家的情况较为复杂,再加上数字经济中治理主体本身的多元化,基于共建共享的原则,应当构建起"一带一路"数字经济的多元协同治理模式,发挥多元主体在"一带一路"数字经济治理中的作用。"一带一路"数字经济的治理主体不仅应涵盖相关

---

① 赵骏. 全球治理视野下的国际法治与国内法治[J]. 中国社会科学,2014(10):79-99,206-207.

② 赵骏. "一带一路"数字经济的发展图景与法治路径[J]. 中国法律评论,2021(2):43-54.

国家政府,还应囊括相关国家的非政府组织、民间社团、私营企业等。

首先,推动政府层面多边治理体系的完善。尽管中国是"一带一路"倡议的发起者,但"一带一路"数字经济的良性发展,有赖于共建各国基于平等的政治地位进行友好协商与对话,共同商定各项事务,形成合作共享的平台机制。在多边治理体系下,中国可以凭借自身良好的数字经济发展基础和治理经验,起到主导作用,为其他国家带来示范效果;同时,也要积极参与国际数字标准和规则的制定,推进全球治理的变革。

其次,要注重发挥私营企业的作用。在数字经济的发展中,平台企业起到了至关重要的作用,例如,跨境电商的兴盛与阿里巴巴搭建的世界电子贸易平台(eWTP)密切相关,而相应的,许多纠纷也发生在平台提供的虚拟空间中。因此,要让这部分平台企业也参与"一带一路"数字经济的治理,通过平台机制解决线上纠纷,实现多元协同治理中的"软硬结合"。同时,平台制定的与数字经济相关的数据安全、知识产权保护等规则也是对国际法规则的有益补充。

最后,为纠纷解决提供合适的场域。在"一带一路"数字经济法治化的过程中,公正司法具有至关重要的作用,法治也是多元协同治理的必备要件。由于"一带一路"数字经济跨越地域幅度较大,传统的线下仲裁、诉讼等纠纷解决机制难以适应这一特点。为了应对这一情况,我国大力建设"一带一路"跨境争议解决机制,最高人民法院相继出台了《最高人民法院关于人民法院为"一带一路"建设提供司法服务和保障的若干意见》《关于人民法院进一步深化多元化纠纷解决机制改革的意见》和《关于建立"一带一路"国际商事争端解决机制和机构的意见》等文件,许多地方法院也设立了专门的国际商事审判庭以应对跨国纠纷,并开展了诸如在线调解、在线诉讼等线上服务,为解决"一带一路"数字经济中的纠纷提供了便利。

（三）建立"一带一路"数字经济的数据保障机制

由于"一带一路"数字经济涉及虚拟空间的治理问题,因此对其的法治保障应包括网络和数据方面的保障机制构建。"一带一路"数字经济的相关数据保障机制可以从如下方面入手。

第一,保障网络空间安全,构建数字经济安全支撑体系。在"一带一路"数字经济的发展中,对网络空间进行治理尤为重要。在网络空间的治理中,应当注重对技术和用户的双重规制。要规范相应的底层代码和技术标准,合理运用人工智能、大数据、区块链等新兴科技,让技术能够更好地服务于数字经济的发展。同时,也要重视针对网络空间用户的规制,通过法治化的路径来规范用户行为,特别是要做好应对网络黑客攻击、跨国网络诈骗、网络恐怖活动等非法行为。在此过程中,要以联合国《信息安全国际行为准则》为指引,积极联合共建"一带一路"国家讨论、参与相应虚拟空间法律规则的制定,维护好网络空间主权。

第二,提升数字经济治理风险防控能力,建立区域风险预警机制。与传统的社会治理不同,基于技术的数字社会治理可以实现对纠纷和风险的事先预防。因此,需要利用"一带一路"数字经济发展的机会,完善信息网络服务系统,建立起能够串联共建"一带一路"国家法律法规、政策变动的风险预警机制,对可能的投资风险、跨境贸易等进行预判,进而达到减少以致化解纠纷的目的,推动"一带一路"数字经济良性发展。

第三,弥合数字鸿沟,保障弱势群体数字权益。为了实现共商、共建、共享,推动共建"一带一路"国家数字经济的共同发展,要着重弥合数字鸿沟。在努力弥合数字鸿沟的过程中,应以数字正义为指引,制定相关的法律法规及行业规则,尤其要注重保障数字基础发展落后国家和群体的权益。可以为不发达国家提供数字基础设施建设、人才培养等方面的支持,使得"一带一路"数字经济的发展能够惠及更多群体,优化共建"一带一路"国家的数字经济发展环境,进而完善法治建设。

四、结语

"一带一路"数字经济的发展和兴盛,是数字社会发展的必然,承载着共建"一带一路"国家人民对幸福生活的美好向往。为了保障"一带一路"数字经济的可持续化发展,加强对数字经济的治理,探索法治化道路是必然的选择。在探索"一带一路"数字经济法治化路径的过程中,既要注重对国际法体系中相应原则和规则的遵循,以平等、互利为原则,也要注意数字经济本身的特殊性,以实现数字正义为目标。作为"一带一路"倡议的发起国和世界第二大数字经济体,中国有必要在"一带一路"数字经济法治化的过程中发挥引领作用,以完善国内数字经济相关法律法规和实践为基础,以加强与共建"一带一路"国家的双边、多边协商为支撑,以保障弱势国家和弱势群体的权益为重点,与共建"一带一路"国家一起完善"一带一路"数字经济的法治化路径,为全球数字经济的治理和人类命运共同体的构建提供有益的经验。

投资合作

购买力平价在中国与共建"一带一路"国家之间是否成立？

——基于面板 KSS 检验的证据

王凯华（青岛大学经济学院，山东青岛 266100）

摘要："一带一路"倡议是中国在今后相当长一个时期内对外开放和对外合作的总规划，对于全面提升中国对外开放水平具有重大意义。自 2013 年"一带一路"倡议提出以来，中国与共建国家的贸易往来不断加强，而汇率成为推动双边贸易的关键因素。因此，本文采用面板 KSS 单位根检验和顺序面板选择法（SPSM）来检验共建"一带一路"国家相对于中国的购买力平价（PPP）是否成立。本文将"一带一路"分为"21 世纪海上丝绸之路"和"丝绸之路经济带"，以讨论两组之间 PPP 的差异。通过面板 KSS 单位根检验和面板 SPSM 选择法，我们发现"丝绸之路经济带"和"21 世纪海上丝绸之路"涉及的大部分国家的汇率是平稳的，这为 PPP 成立提供了证据。同时，本文推断在大多数共建"一带一路"国家，均衡汇率可以由购买力平价决定，通过套利获得异常收益是不可行的。

关键词："一带一路"；购买力平价；面板 KSS 单位根

一、引言

中国于 2013 年首次提出"一带一路"倡议,致力于加强亚洲地区的经济治理,推动发展中国家经济增长、确保全球经济的稳定。自"一带一路"倡议提出以来,其已经得到了 100 多个国际组织和国家的支持。2013 年以来,中国与共建国家双边贸易额保持高速增长,2019 年达到 1.34 万亿美元,创近年来新高。然而,作为"一带一路"的重要组成部分,"21 世纪海上丝绸之路"和"丝绸之路经济带"国家之间存在显著差异。首先,从经济增速上来看,2013—2016 年,"丝绸之路经济带"国家的平均增速分别为 5.8%、1.9%、−8.3% 和 −0.8%,而同期,"21 世纪海上丝绸之路"国家的平均经济增速分别为 12.3%、12.9%、10.2% 和 11.3%。其次,从双边贸易来看,截至 2019 年,中国与"21 世纪海上丝绸之路"国家的平均贸易增长率为 1.4%,但是与"丝绸之路经济带"国家的贸易增速为 −7.5%。同时,中国与"21 世纪海上丝绸之路"国家的贸易额在 2018 年达到 5 878.7 亿美元,超过了与"丝绸之路经济带"国家的贸易额,尽管前者的国家数量远少于后者。再次,从境外直接投资来看,2019 年 1 月至 2019 年 7 月,中国企业在 153 个国家和地区的非金融领域投资 272.1 亿美元,同比增长 3.3%,主要投资国家包括新加坡、老挝、印度尼西亚、马来西亚、巴基斯坦、柬埔寨和俄罗斯,这表明"21 世纪海上丝绸之路"国家是中国的主要投资目的地。最后,从金融合作的角度来看,中国与"21 世纪海上丝绸之路"国家之间的货币互换额度达到 9 700 亿元人民币,其金额是与"丝绸之路经济带"国家的 3 倍。①

众所周知,国际经贸交流离不开汇率,而购买力平价(PPP)理论是

---

① 作者根据 Wind 数据库的数据进行测算所得。

汇率的重要决定理论之一。PPP理论的核心观点是,汇率的升降主要取决于两国物价水平的变动。随着经济的崛起,中国在国际经济中的话语权越来越重要,而衡量和预测其汇率变化显得尤为重要。中国对外贸易额从2011年的0.57万亿美元增长到2015年的4.47万亿美元,增长了近8倍。"一带一路"倡议已成为相关各方加强国际合作的重要途径。针对中国在政策合作、设施联通、自由贸易和资金融通等方面的核心作用,探讨中国与相关的共建"一带一路"国家之间的PPP关系具有十分重要的意义。同时,本文基于"21世纪海上丝绸之路"和"丝绸之路经济带"之间的差异,进一步评估外汇市场的有效性的差异,进而研究这些差异是否影响了"21世纪海上丝绸之路"和"丝绸之路经济带"国家的购买力平价,以为决策者提供参考。

二、文献综述

在本文研究中,"一带一路"倡议和购买力平价是研究核心。下文将从以上两个方面来梳理相关的前沿文献。

(一)"一带一路"倡议

"一带一路"倡议是新阶段我国高水平对外开放的重要举措。[①] 同时,在全球绿色发展的今天,中国提出要与世界各国开展绿色领域合作,共同建设绿色"一带一路",将绿色作为高质量发展的底色。[②] 在这一时代背景下,国内外学者纷纷从各领域展开对"一带一路"的相

---

① 司聪. 数字金融推动共建"一带一路"高质量发展的机理与路径[J]. 东岳论丛,2023(7):150-157.

② 段丁允,冯宗宪."一带一路"沿线国家数字化发展水平对低碳绿色绩效的影响研究[J]. 经济问题探索,2023(5):158-176.

关研究,其中数字经济[①]、价值链[②]、投融资[③]、能源合作[④]以及高质量发展[⑤]都是重要关注点。汇率问题在国际贸易中十分重要,因此,也被学者广泛关注。邹宗森等揭示了人民币双边实际汇率变动显著影响中国与共建"一带一路"国家的进口贸易且存在门限效应。[⑥]欧阳海琴和凌爱凡认为,人民币国际化程度的提升能够显著改善中国与共建"一带一路"国家的进出口贸易水平。[⑦]李延喜等发现,"一带一路"倡议提出后,共建国家整体汇率风险溢出水平提高。[⑧]

---

① 李猛,翟莹. 构建"一带一路"数字经济合作发展保障机制研究 [J]. 北京航空航天大学学报(社会科学版),2023,36(4):97-104.

② 田晖,彭姝婷. 中国制造业价值链地位测度:基于"RCEP"和"一带一路"的比较 [J]. 统计与决策,2023,39(6):137-142.

③ 李长治,曹忠祥. 创新"一带一路"投融资体系 [J]. 宏观经济管理,2023(4):39-46.

④ 张丹蕾. 全球能源治理变局下"一带一路"能源合作机制构建的探讨 [J]. 国际经贸探索,2023,39(2):106-120

⑤ 任思洁. "双循环"新格局下"一带一路"高质量发展全球发展战略对接长效机制研究 [J]. 经济师,2023(4):39-40

⑥ 邹宗森,郭昌明,冯等田. 汇率变动、空间溢出与进口增长——中国自"一带一路"沿线国家进口的经验分析 [J]. 国际商务(对外经济贸易大学学报),2021(5):63-78.

⑦ 欧阳海琴,凌爱凡. 人民币国际化、汇率波动、跨境结算与中国进出口贸易——基于两国开放经济的均衡模型与"一带一路"沿线国家的实证分析 [J]. 系统工程理论与实践,2022,42(12):3165-3183.

⑧ 李延喜,任艺,赵恒. "一带一路"沿线国家汇率风险溢出及其影响机制 [J]. 财经科学,2023(4):1-16.

（二）购买力平价

PPP 理论的基本思想是货币的价值依赖于所具有的购买力。[①] 国外学者选择不同的研究对象探讨 PPP 理论，包含 G20 集团国家[②]、OECD 国家[③]、新兴市场国家[④]以及中东欧国家[⑤]，其结论总体上支持 PPP 理论。随着人民币国际化进程加快以及国际经济地位提升，中国学者也逐渐开始讨论 PPP 理论的适用性。于恩锋认为，人民币与印度卢比、韩元和南非兰特的双边汇率支持弱购买力平价成立，但半衰期存在差别，强购买力平价没有得到支持。[⑥] 邱冬阳和刘聪发现，在盯住美元汇率制度以及包含盯住美元与参考一篮子货币汇率制度转轨的

[①] 葛丽红,张迎春,潘俐. 购买力平价有效性检验方法演变研究[J]. 经济统计学(季刊),2019(2):21-44.

[②] Lee C H. Chou P I. The Behavior of Real Exchange Rate: Nonlinearity and Breaks[J]. International Review of Economics and Finance,2013(27):125-133.

[③] Cuestas J C, Regis P J. Purchasing Power Parity in OECD Countries: Nonlinear Unit Root Tests Revisited[J]. Economic Modelling,2013(32):343-346.

[④] Bahmani-Oskooee M, Chang T Y, Lee K C. Purchasing Power Parity in Emerging Markets: A Panel Stationary Test With Both Sharp and Smooth Breaks[J]. Economic Systems,2016(40):453-460.

[⑤] Jiang C, Jian N, Liu T Y, et al. Purchasing Power Parity and Real Exchange Rate in Central Eastern European Countries[J]. International Review of Economics and Finance,2016(44):349-358.

[⑥] 于恩锋. 人民币汇率购买力平价的实证检验——基于中国加入 SDR 后的视角[J]. 南京审计学院学报,2016,13(2):65-73.

全样本下人民币购买力平价成立。[①] 然而,有研究认为,在中国目前条件下,虽然 PPP 具有理论上的合理性,但是不能作为人民币升值、贬值的主要依据。[②] 同时,戴金平等认为,人民币汇率的波动并不满足购买力平价理论,存在对购买力平价的偏离。[③]

三、理论机制

根据购买力平价理论,如果以相同的汇率衡量两国的价格,它们之间的差异是暂时的。购买力平价理论认为,如果没有交易成本,没有法律和贸易壁垒,两国之间就会存在均衡价格。在"一带一路"倡议覆盖区域,中国是最大的经济体、最大的进出口国和资本输出国,显示出巨大的经济实力和影响力。因此,本文选择它作为代表。双边真实汇率(RER)构造如下:

$$RER_t = NER_t \cdot P_t^* / P_t \qquad (1)$$

这里,NER_t 表示每个共建"一带一路"国家的货币兑单位人民币数量,代表名义汇率。在时间 t 内,国外和国内消费物价指数(CPI)分别用 P_t^* 和 P_t 表示。公式(1)的两边都取对数,并进一步表示如下:

$$RER_t = e_t + P_t^* - P_t \qquad (2)$$

根据公式(2),当实际汇率 RER 拒绝单位根的零假设(随机游走)

---

① 邱冬阳,刘聪. 汇率制度转轨下人民币购买力平价成立吗?——盯住美元与参考一篮子货币汇率制度的比较分析 [J]. 江西社会科学,2016,36(1):33-42.

② 范爱军,韩青. 购买力平价理论对人民币汇率升值的适用性分析 [J]. 经济评论,2008(1):145-148.

③ 戴金平,杨珂,刘东坡. 人民币汇率对购买力平价的偏离及原因分析 [J]. 中央财经大学学报,2015(7):35-41.

时,购买力平价理论成立。如果购买力平价理论成立,则表明 NER 受到了国内外通货膨胀差异的影响。RER 序列中的非平稳特征提供了宏观经济意义。当 RER 遵循随机游动时,它可能导致货币贬值以调节外部失衡。

PPP 理论作为经济学理论之一,受到了广泛的关注。该理论认为,在相当长的一段时期内,由于国际商品市场上存在套利活动,实际汇率预期会趋于一个恒定的均衡值。特别是,国内外价格与名义汇率之间不存在长期关系,表明非平稳的实际汇率使得购买力平价无效。因此,均衡汇率不能由购买力平价决定,并且汇率也不能通过无效的购买力平价从货币途径推断。

四、研究方法

本文主要使用了面板 KSS 单位根来检验汇率是平稳的还是随机游走的。该方法依赖于指数平滑过渡自回归(以下简称 ESTAR)过程。模型如下:

$$\Delta RER_t = \gamma RER_{t-1}\{1-\exp(-\theta RER_{t-1}^2)\}+\mu_t \tag{3}$$

其中,RER_t 为真实汇率,ESTAR 模型的过渡参数 $\theta \geq 0$,当平均方差为常数且为 0 时,独立同分布的误差用 μ_t 表示,在原假设下无法识别 γ。在 $\theta=0$ 的假设下,一阶泰勒级数近似于 $\{1-\exp(-\theta RER_{t-1}^2)\}$。因此,通过以下辅助回归,可近似得到公式(4):

$$\Delta RER_t = +\delta RER_{t-1}^3 + \sum_{i-1}^{k}\theta_i \Delta RER_{t-i}+\mu_t, \quad t=1,2,...,T. \tag{4}$$

根据式(4),面板非线性单位根检验如下:

$$\Delta RER_{i,t} = \gamma_i RER_{i,t-1}\{1-\exp(-\theta RER_{i,t-1}^2)\}+\mu_{i,t}, \tag{5}$$

同时,ESTAR 面板模型中对于所有 i 都满足 $\theta_i=0$,进一步引入一级泰勒级数近似值,得到如下所示:

$$\Delta RER_{i,t} = \xi_i + \delta_i RER^3_{i,t-1} + \sum_{j-1}^{k} \theta_{i,j} \Delta RER_{i,t-j} + \mu_{i,t}, \tag{6}$$

其中，$\delta_i = \theta_i \gamma_i$。根据公式（6），假设如下：

$$H_0: \delta_i = 0 \text{ 针对所有 } i \tag{7}$$

$$H_0: \delta_i < 0 \text{ 针对一些 } i \tag{8}$$

根据傅里叶函数表达式，KSS 面板单位根检验如公式（9）所示：

$$\Delta RER_{i,t} = \xi_i + \delta_i RER^3_{i,t-1} + \sum_{j-1}^{k} \theta_{i,j} \Delta RER_{i,t-j}$$

$$+ a_{i,1} \sin\left(\frac{2\pi kt}{T}\right) b_{i,1} \cos\left(\frac{2\pi kt}{T}\right) + \varepsilon_{i,t} \tag{9}$$

其中 $[\sin(2k\pi t/T), \cos(2k\pi t/T)]$ 是根据傅里叶函数表达式得出的。傅里叶近似可以捕获到未知的结构断裂，即使函数本身不是周期性的。

五、数据来源

本文采用 2005 年 7 月至 2018 年 5 月的月度数据研究 PPP。根据公式（1），各国所有 CPI（2010＝100）和相对于人民币的 NER 均取自国际货币基金组织。在样本期间，中国人民银行进行了多次汇率改革。2008 年年底爆发的全球金融危机对世界经济形成了显著冲击，影响了国际贸易、资本流动和汇率。中国政府在 2013 年提出"一带一路"倡议。本文选取的国家是截至 2018 年年底的统计数据。具体来说，"丝绸之路经济带"覆盖了 29 个国家：哈萨克斯坦、吉尔吉斯斯坦、阿富汗、阿曼、埃及、科威特、沙特阿拉伯、土耳其、伊朗、以色列、约旦、保加利亚、波兰、捷克、罗马尼亚、匈牙利、阿尔巴尼亚、克罗地亚、马其顿、波斯尼亚和黑塞哥维那、塞尔维亚、黑山、格鲁吉亚、萨尔瓦多、乌克兰、亚美尼亚、俄罗斯、蒙古和摩尔多瓦。"21 世纪海上丝绸之路"包括

16 个国家:巴基斯坦、马尔代夫、孟加拉国、尼泊尔、斯里兰卡、印度、柬埔寨、老挝、马来西亚、缅甸、泰国、文莱、新加坡、印度尼西亚、越南和菲律宾。

中国已加快推进人民币国际化,近年来中国与共建"一带一路"国家的金融一体化不断加强,货币、投资、金融、信贷等合作机制正在建立。为促进金融合作,一系列金融机构,如亚洲基础设施投资银行(以下简称"亚投行")和丝路基金已相继成立。与此同时,中国政府支持共建"一带一路"国家及其信用等级较高的企业和金融机构在中国发行人民币债券。就中国在全球贸易中的市场份额而言,不仅考虑人民币在周边国家进行结算,也考虑在其他地区进行结算,最终人民币将成为亚洲的核心区域货币。

六、实证分析

表 1 展示了"丝绸之路经济带"国家的面板 KSS 单位根检验的结果。相对于中国,除哈萨克斯坦、阿富汗、伊朗、埃及、科威特、约旦、阿曼、萨尔瓦多和沙特阿拉伯之外,20 个"丝绸之路经济带"国家不支持单位根假设,也就是说这 20 个国家支持 PPP 理论。研究发现,非平稳性最为显著的国家位于西亚,该地区属于"丝绸之路经济带"的中国—中亚—西亚经济走廊。它位于亚洲、欧洲和非洲的交界处,具有重要的战略地位。以下原因可以解释这种现象。第一,大多数阿拉伯国家将其货币与美元挂钩,而不是采用浮动汇率制度,这决定了从名义汇率到 PPP 的调整无效。第二,由于名义汇率被挂钩,价格调整成为真实汇率调整的主要途径。然而,价格控制在阿拉伯国家被普遍采用,这使得真实汇率调整变得更加困难。第三,作为发展中国家,它们通常会征收关税来保护新兴产业,这导致国内外 CPI 之间的差异无法反映

表 1 "丝绸之路经济带"的面板 KSS 单位根检验结果

序号	统计值	概率值	国家
1	-2.959^{***}	0.000	乌克兰
2	-2.821^{***}	0.000	亚美尼亚
3	-2.807^{***}	0.000	俄罗斯
4	-2.747^{***}	0.002	阿尔巴尼亚
5	-2.732^{***}	0.002	波兰
6	-2.699^{***}	0.002	罗马尼亚
7	-2.684^{***}	0.003	黑山
8	-2.659^{***}	0.002	塞尔维亚
9	-2.647^{***}	0.005	马其顿
10	-2.629^{***}	0.005	蒙古
11	-2.554^{***}	0.007	保加利亚
12	-2.521^{***}	0.008	以色列
13	-2.499^{***}	0.008	吉尔吉斯斯坦
14	-2.461^{***}	0.010	克罗地亚
15	-2.437^{***}	0.009	捷克
16	-2.397^{**}	0.011	波斯尼亚和黑赛哥维那
17	-2.339^{**}	0.012	土耳其
18	-2.249^{**}	0.018	匈牙利
19	-2.175^{**}	0.026	摩尔多瓦
20	-2.166^{*}	0.061	格鲁吉亚
21	-2.012	0.108	哈萨克斯坦
22	-1.869	0.181	阿富汗
23	-1.825	0.171	伊朗
24	-1.668	0.262	埃及
25	-1.659	0.315	科威特

序号	统计值	概率值	国家
26	−1.583	0.339	约旦
27	−1.103	0.500	阿曼
28	−0.891	0.489	萨尔瓦多
29	−0.169	0.571	沙特阿拉伯

注:*** , ** 和 * 分别表示在 1%、5% 和 10% 的置信水平上显著。

实际情况。第四,阿拉伯国家与中国之间的贸易仅限于主要进口商品和石油出口,因此用于构建价格指数的篮子在商品类型和相应权重上存在差异。根据上述分析,相对于中国来说,阿拉伯国家的 PPP 难以成立。

表 2 展示了"21 世纪海上丝绸之路"国家的面板 KSS 单位根检验结果。"21 世纪海上丝绸之路"重视构建安全高效的运输路线,连接"一带一路"沿线的重要海港。实证结果表明,除了马尔代夫和巴基斯坦外,其他 14 个国家(菲律宾、老挝、泰国、印度尼西亚、文莱、新加坡、印度、斯里兰卡、马来西亚、缅甸、越南、尼泊尔、柬埔寨和孟加拉国)呈现出均值回归。实证结论为东盟所有国家提供了对 PPP 的有力支持。自 2002 年以来,中国和东盟签署了许多自由贸易协定,涵盖了解决机制、贸易和投资等方面。如今,中国和东盟成为彼此的主要贸易伙伴,双边贸易额在 2015 年达到约 0.47 万亿美元,年均增长率为 18.5%。双边贸易的快速增长、合作不断深化以及低关税为 PPP 提供了基础。在亚洲地区,频繁的政府干预被认为是导致 PPP 失效的重要因素。由于实际汇率可能会影响进口、出口和外币债务,因此各个共建"一带一路"国家的中央银行都对与 PPP 背离较大且持久的情况非常重视。

表 2 "21 世纪海上丝绸之路"国家的面板 KSS 单位根检验结果

序号	统计值	概率值	国家
1	−3.273 ***	0.000	菲律宾
2	−3.239 ***	0.000	老挝
3	−3.187 ***	0.000	泰国
4	−3.207 ***	0.000	印度尼西亚
5	−3.126 ***	0.001	文莱
6	−3.141 ***	0.000	新加坡
7	−3.149 ***	0.000	印度
8	−3.159 ***	0.000	斯里兰卡
9	−3.123 ***	0.000	马来西亚
10	−3.038 ***	0.000	缅甸
11	−3.037 ***	0.000	越南
12	−2.949 ***	0.007	尼泊尔
13	−2.963 ***	0.007	柬埔寨
14	−2.543 **	0.037	孟加拉国
15	−2.157	0.105	马尔代夫
16	−1.695	0.141	巴基斯坦

注:*** 和 ** 分别表示在 1% 和 5% 的置信水平上显著。

在本文中,面板 KSS 单位根检验采用傅里叶函数对实际汇率进行了分析,结果显示在大多数"丝绸之路经济带"和"21 世纪海上丝绸之路"国家中,PPP 是长期有效的。因此,均衡汇率可以由购买力平价决定。然而,需要注意的是这两个地区之间明显的差异。支持 PPP 的国家数量在"丝绸之路经济带"地区要少于"21 世纪海上丝绸之路"地区。这可以通过以下原因解释。首先,一些共建"一带一路"国家采用了计划经济体制,对自身产生了负面影响,如价格控制,破坏了 PPP

的基础。其次，"丝绸之路经济带"与中国的双边贸易规模小于"21 世纪海上丝绸之路"地区。再次，实际分析中还应考虑政府干预。对于亚洲地区来说，非平稳性可能来自政府的频繁干预。最后，近年来，"丝绸之路经济带"地区经常发生战争和政治动荡。这种动荡将扭曲价格，并导致汇率偏离 PPP。相反，大多数"21 世纪海上丝绸之路"国家以出口为导向，拥有市场经济体制，并且政府对市场的干预较少。

六、结论与政策建议

本文的主要目的是通过采用带有傅立叶函数和 SPSM 面板的 KSS 单位根检验来调查相对于中国，PPP 是否适用于"21 世纪海上丝绸之路"和"丝绸之路经济带"国家。实证结果如下。

首先，面板 KSS 单位根检验具有统计优势，结合该方法发现，PPP 适用于大多数"丝绸之路经济带"和"21 世纪海上丝绸之路"国家。其次，在"丝绸之路经济带"中支持 PPP 的国家数量低于"21 世纪海上丝绸之路"国家，主要原因是"21 世纪海上丝绸之路"国家与中国之间的贸易畅通、设施互联互通、政策协调和金融一体化更加紧密。最后，本文为共建"一带一路"国家提供准确的结论，使其能够利用 PPP 来判断货币是否被高估或低估。

研究结果对决策者和监管机构具有有益的启示。首先，汇率政策必须考虑每个国家现有的经济、社会和政治条件。例如，应更积极地深化与共建"一带一路"国家的金融体系的合作，如加强货币互换。其次，为了提高对外商直接投资的吸收能力，共建"一带一路"国家的决策者应设法通过适当的培训和教育体系来加强人力资本的质量。再次，在依靠"一带一路"倡议的同时，中国应进一步加强与亚洲基础设施投资银行和丝路基金的贸易、投资与基础设施合作。同时，中国应稳定国内物价，并鼓励贸易伙伴使用人民币结算。

新形势下上合组织成员国间的投资合作问题分析及发展建议

孙吉乐　李佳怡

（青岛大学经济学院，山东青岛　266100）

摘要：上海合作组织成立 20 余年来在促进区域经济发展、人文交流等方面发挥了重要作用。近年来，受地缘政治等因素影响，各成员国逐步将投资转向上合组织区域内，投资合作成为上合组织合作新方向。上合组织成员国间投资政策不断调整、投资环境不断改善、投资机会不断增多，但也面临着资金供需不平衡、合作机制有缺陷、投资局势不断变化等挑战，需要成员国明确投资合作模式、加强双边合作、增强监管服务保障能力，助力成员国经济发展。

关键词：上合组织；投资合作；发展建议

一、引言

自 20 世纪 80 年代起，随着科技的发展，远距离运输的屏障被打破，资金资源不再局限于单一地区，开始全球化扩张，世界经济出现全球化趋势。中国顺应时代发展,探寻时代发展先机,在发展自身经济实力的同时积极与周边国家地区开展经济合作。2001 年,上海合作组织区域经济合作正式启动,经过 20 多年的合作发展,上合组织现已成功成为具有国际影响力的区域综合组织。①

受到全球经济突发事件,如中美贸易冲突等的影响②,上合组织在投资合作方面仍进展迟缓,与其他区域合作组织存在不小的差距。③经济全球化的最终形态是资本全球化,由商品资本最先进入打开世界商品市场,随后发展借贷资本形成借贷国际市场,最后借助二者形成产业资本全球化。④ 在这一过程中,国家间的投资合作占据了重要作用。⑤ 随着上合组织成员国间贸易需求不断上升,贸易规模不断扩大,更加成熟化、规范化、有效化的投资合作也应被进一步挖掘。

上合组织成员国间的投资合作究竟处于何种状态?对此问题,国内外众学者从成员国之间的投资互动、投资规模、投资领域及与外部世界的组织互动等方面进行了探索,为人们了解上合组织投资合作情况提供了重要参考。但总体来说,这些探索较为分散,重点集中在少数

---

① 徐德顺. 上合组织是全球重要政治经济力量 [J]. 中国商界,2023(2):36-37.

② 李莹莹,赵德友. 21 世纪世界经济运行回顾与前景展望 [J]. 统计理论与实践,2023(5):12-18.

③ 李锋. 中国与东盟投资合作的经验及其对上合组织的启示 [J]. 东北亚经济研究,2022,6(3):106-120.

④ 陈晓燕. 经济全球化背景下我国对外贸易发展研究 [J]. 全国流通经济,2023(6):24-27.

⑤ 武宪功. 企业对外投资合作高质量发展面临的挑战及应对措施 [J]. 国际工程与劳务,2021(6):22-24.

成员国或单一领域的探索,缺乏对上合组织整体性投资合作情况的阐述,对当前发展状态的统一性概括不强。本文将从上合组织成员国整体投资合作状况出发,阐述其投资合作现状,并通过回归分析研究投资合作与经济发展的关系,寻找其中存在的问题,提出解决方案,以更好地促进成员国的经济合作与发展。

二、文献综述

世界经济全球化大势不可逆转,在这一经济形势下,对外投资合作具有重要的意义与地位。[①] 投资合作可以与贸易金融合作、各国投资政策、区域内大国关系等形成良性互动局面,对国家经济增长与和平发展具有重要意义。[②] 我国经济结构面临总体性调整,经济形势急需稳定,从互利共赢这一新角度来看,通过对外投资展开"中国国际投资合作",是中国在世界经济格局下获取可持续发展的内在动力。[③]

关于上合组织的投资合作发展,国内学术界已取得了众多重要理论成果,主要集中于农业与能源领域。在农业投资合作领域,上合组织成为中国农业对外直接投资的主要经济组织之一,但相比总体对外投资规模,中国对上合组织农业方面投资规模较小,同时存在投资环境复杂、政治互信缺乏等问题。[④] 在能源投资合作领域,上合组织能源投

---

① 许晓芹,周雪松. 经济全球化下对外投资促进我国商贸流通发展问题探讨[J]. 商业经济研究,2020(1):27-29.

② 潘悦. 推进中国国际投资合作的新思考[J]. 国际贸易,2013(6):4-10.

③ 江瑞平. 论中国经济增长与东亚经济合作的良性互动[J]. 外交评论(外交学院学报),2006(6):7.

④ 张庆萍,汪晶晶,王瑾. 中国与上海合作组织国家农业合作(2001～2020年)[J]. 欧亚经济,2022(1):78-100,126.

资合作稳步发展,能源开采、运输、买卖产业链不断深化,中亚地区各类国际重要金融机构正在投资合作方面发挥重要作用[①],中国与中亚地区能源合作已成为上合组织框架下经贸合作的重要内容[②];上合组织成员国不断展开新能源投资合作也将成为促进上合组织框架内各国经济发展的重要途径[③]。但是,当前,上合组织框架下的能源投资保护法律机制尚未完善,必须重新构建统一能源投资法律机制以解决这一重大发展阻碍。[④]在重点投资合作领域的研究之外,学者关注了中国在上合组织投资合作中的特点。部分研究提出,中国对上合组织国家的投资属于直接对外投资,具有资源导向型动因及地缘政治带来的外交、安全等国家利益导向型动因;[⑤]中国对上合组织的投资合作存在非对称性和单向性特点,双向投资发展严重失衡,投资合作存在强烈的波动性及下滑趋势。

上合组织成员国在投资合作方面面临众多问题。上合组织成员

① 林益楷,张正刚. 上合组织成员国深化能源领域合作前景分析及措施建议 [J]. 欧亚经济,2018(4):110-124,126,128.

② 李言彪. 中国与上海合作组织其他成员国能源合作研究 [D]. 山东财经大学,2013.

③ 刘萍,陈闻君. 上合组织框架下中国与中亚国家新能源合作实证研究 [J]. 河南科技学院学报,2018,38(7):77-83.

④ 李况然,李正图. 中国对外能源投资保护法律机制初探——基于上合组织框架的研究 [J]. 江淮论坛,2021(5):141-147,193.

⑤ 段秀芳. 中国对上合组织国家直接投资特殊动因及政策建议 [J]. 俄罗斯东欧中亚研究,2013(4):43-48.

国投资环境差异大,不同国家投资的出口效应差异较大[①];上合组织在欧亚地区政治经济格局中占有重要地位,而成员国内双边"一带一路"投资争端解决机制存在代际发展缺陷,急需建立与其地位相适应的独立投资争端解决机制,但这一投资合作问题迄今尚未得到有效整合与完善[②]。

从以上文献综述可见,学者对上合组织投资合作的研究比较分散,也仅停留在理论层面,缺乏实证研究。本文将基于现有研究,对上合组织投资合作状况进行系统总结,在全面分析上合组织投资合作现状基础上进行实证研究,找到上合组织投资合作方面存在的问题,并提出解决方案。

三、上合组织投资合作现状

近年来,上合组织投资规模不断扩大,"一带一路"倡议也在稳步发展,不仅中国对各成员国的直接投资量有巨大提升[③],各成员国间的直接投资也在不断增加。2001 年上合组织成立之初,成员国国外直接投资(FDI)流量总额仅为 526.2 亿美元,到 2017 年已增长至 1 787.71 亿美元,增长 3.4 倍,2019 年更是达到 2 315.6 亿美元,相比 2001 年足足增长了 4.4 倍。投资规模的增长得益于良好的发展环境、有效的投

---

① 刘宁,龚新蜀. 中国对丝绸之路经济带重点国家 OFDI 环境及效应研究——基于我国对上合组织国家的投资分析 [J]. 经济问题探索,2015(8):111-117.

② 林一. 论上合组织内多边投资争端解决机制的独立建构 [J]. 商事仲裁与调解,2020(4):28-44.

③ 祁欣,杨莹. 中国与上合组织成员开展投资合作的机遇与对策 [J]. 国际经济合作,2017(10):15-19.

资政策和不断增多的投资机会。

（一）投资环境总体向好

中亚地区地缘政治背景特殊,政治与经济环境易受外部因素的影响和冲击,呈现出独特的脆弱性。[①] 近年来,上合组织成员国投资环境不断发生变化,呈现总体向好但局部不稳定的趋势。

在政治环境方面,上合组织的创立为各成员国提供了良好的政治环境基础,上合组织以"互信、互利、平等、协商、尊重多样文明、谋求共同发展"为重要精神,强调反对霸权主义与强权政治,首要合作方向便是维护地区和平,加强地区安全与信任。近年来,中国倡导的人类命运共同体意识在国际上不断得到认可,和平发展逐渐成为国际政治主旋律,国际社会反恐力量不断壮大,上合组织各中亚成员国及中国的国际政治环境逐渐平稳。但是,中亚成员国由于独特的地缘政治地位,同时具有"边缘地带"和"中间地带"的特点,政治环境面临严峻考验。而俄罗斯的政治环境不容乐观。[②]2022 年 2 月 24 日对乌克兰发动"特别军事行动"后,俄罗斯遭到国际社会的大面积政治孤立和严厉经济制裁。

在经济环境方面,各成员国经济发展水平高速提升。随着国际能源价格及原材料商品价格的稳步增长,出口资源成为各成员国经济增长的主要模式,各成员国经济迅速发展。从各成员国国内生产总值

---

① 丁志刚,潘星宇. "丝绸之路经济带"背景下中亚五国投资环境评估与建议 [J]. 欧亚经济,2017(2):53-72,128.

② 李双双. 美欧对俄经济制裁影响下的中俄经贸关系 [J]. 俄罗斯东欧中亚研究 , 2022(5):102-115,169.

（GDP）现状来看，2022年各成员国GDP除俄罗斯①外呈现出稳步上涨的优越态势：2022年中国的GDP达121.47万亿元，同比增长3%②；哈萨克斯坦的GDP达101.50万亿坚戈，同比增长3.2%③；吉尔吉斯斯坦的GDP达109.33亿美元，同比增长7.2%④；塔吉克斯坦的GDP约为104.92亿美元，同比增长8.0%⑤；乌兹别克斯坦的GDP首次突破800亿美元，同比增长5.7%⑥；巴基斯坦的GDP达3 828.33亿美元，同比增长6.2%⑦；印度的GDP为3.39万亿美元，同比增长6.7%⑧。总体来说，大多数成员国经济呈稳步增长态势，上合组织已成为世界

---

① 陈汀. 俄罗斯经济2022年萎缩2.1%[N/OL]. http://www. news. cn/2023-02/21/c_1129383129. htm.

② 魏玉坤，周圆. 2022年我国GDP突破120万亿元 增长3%[N/OL]. https://www. gov. cn/xinwen/2023-01/17/content_5737514. htm.

③ 驻哈萨克斯坦共和国大使馆经济商务处. 哈萨克斯坦2022年GDP增速为3.2%[N/OL]. http://kz. mofcom. gov. cn/article/jmxw/202302/20230203392176. shtml.

④ 吉尔吉斯斯坦国家概况[EB/OL]. https://www. mfa. gov. cn/web/gjhdq_676201/gj_676203/yz_676205/1206_676548/1206x0_676550/.

⑤ 2022年塔吉克斯坦GDP总值约104亿美元[N/OL]. http://tj. mofcom. gov. cn/article/jmxw/202302/20230203385022. shtml.

⑥ 2022年乌兹别克斯坦GDP达803.84亿美元，同比增长5.7%[N/OL]. http://uz. mofcom. gov. cn/article/jmxw/202301/20230103381303. shtml.

⑦ 2022财年，巴基斯坦经济增长6.2%，GDP达到3 828.33亿美元，人均为1 686美元[N/OL]. https://finance. sina. com. cn/wm/2023-01-24/doc-imychywk4687623. shtml.

⑧ 公布啦！印度2022年经济上涨6.7%，GDP升至3.39万亿美元[N/OL]. https://finance. sina. com. cn/wm/2023-03-01/doc-imyiipqx7975798. shtml.

上经济增长速度最快的区域之一（表1）。

表1　2022年上合组织各成员国GDP情况

国家	GDP总额	同比增长率/%
中国	121.47万亿元	3.0
哈萨克斯坦	101.50万亿坚戈	3.2
吉尔吉斯斯坦	109.33亿美元	7.2
塔吉克斯坦	104.92亿美元	8.0
乌兹别克斯坦	突破800亿美元	5.7
巴基斯坦	3 828.33亿美元	6.2
印度	3.39万亿美元	6.7
俄罗斯	151.455 6万亿卢布	−2.1

（二）投资政策有效

自2001年上合组织成立以来，各成员国积极顺应上合组织投资合作需求，出台或调整与投资相关的政策法规。

在上合组织成立之初，成员国间便启动了区域投资合作进程。2003年9月，上合组织成员国政府首脑（总理）理事会会议批准了《上海合作组织成员国多边经贸合作纲要》。该框架性法律文件提出要在积极推进贸易投资便利化进程的基础上共同制定发展规划方案、明确首要发展方向，最终达到人、物、资本在区域内自由流动的目的。此文件极大程度上支持和鼓励了上合组织成员国之间的经贸合作，发展地区间合作经济，使各成员国的经济重点领域投资合作取得显著进展。

中国作为上合组织重要的发起国，自上合组织成立以来一直积极调整对外投资政策。党的十六大与党的十七大突出强调"引进来"与"走出去"相结合，放宽海外投资项目额度；2015年，商务部提出建立

"中国境外经贸合作区投资促进工作机制",对境外经贸产业合作区的投资合作与发展建设起到了重要促进作用;2017年,《推进"一带一路"贸易畅通合作倡议》发布,重点提出区域价值链投资,推动经贸产业合作区的建设,尤其以"一带一路"沿线上合组织成员国为重点发展对象,助力投资合作优势互补,双向共赢;2020年发布《关于支持民营企业加快改革发展与转型升级的实施意见》,明确指出"支持民营企业平等参与海外项目投标,避免与国内企业恶性竞争",促进投资合作主题平衡。①

俄罗斯作为上合组织重要成员国同样调整了自身的投资政策。2007年,俄罗斯从调整进出口关税出发,降低总体关税水平,同时为投资其森林工业的外资提供优惠条件;2016年,建立远东经济发展集团,远东各联邦主体健全各类法律法规,吸引外资进入。

哈萨克斯坦政府修订了投资方面的相关法律。2003年,随着《海关事务法》的修订,哈萨克斯坦降低了外来资本的进入门槛;2005年,哈萨克斯坦政府对《哈萨克斯坦共和国投资法》进行修订,将对外投资法律修订得更加合理;2020年,哈萨克斯坦政府执行《战略投资协定》,加强对外来投资企业的优惠力度,包括免征关税和进口增值税等多项措施。

吉尔吉斯斯坦与塔吉克斯坦都对自身利用外资的政策进行了调整,规定外资在两国境内享受国民待遇,投资不受行业限制,且有可

---

① 刘文勇. 改革开放以来中国对外投资政策演进[J]. 上海经济研究,2022(4):23-32.

能享受一定的特殊优惠政策。[①] 两国还建立自由经济区以促进投资发展,以吉尔吉斯斯坦比什凯克自由经济区为代表的部分自由经济区对外资企业免除进出口关税及其他税费。

乌兹别克斯坦政府修订了外商投资管理条例,实行开放的投资政策,对于在乌投资的不同领域的外国企业,提供比例不同的税收优惠政策。例如,1998 年颁布《外资法》和《外国投资者权益保障及保护措施法》;2005 年颁布《关于鼓励吸引私人外商直接投资的补充措施》;2006 年调整了《外资法》的部分条款,降低了外资企业的所得税,对外资实行国民待遇;2022 年发布《乌兹别克斯坦投资指南》,进一步系统性强调了开放的投资政策。

2017 年巴基斯坦与印度加入上合组织,虽加入时间较晚,但投资政策各有特点。巴基斯坦保留着自身的一套较为稳定的投资政策,同时巴基斯坦政府积极同外界展开投资合作,如中巴在 2016 年达成重点能源开发和基础设施建设方面的 51 份双边协议投资计划,涉及金额 460 美元,同时巴基斯坦政府给予中国极为优惠的投资政策,发放津贴及减税免税。[②] 印度的投资政策改革也一直不断,印度政府一直主张通过 FDI 政策改革来吸引外国投资,截至 2017 年,印度三任领导人共改革投资政策 103 次,重点在于机构改革及开放外资投资领域改革(表 2)。[③]

---

① 刘华芹. 上海合作组织区域投资现状评估及展望[J]. 国际经济合作,2008(9):33-36.

② 宋军. 中国与巴基斯坦贸易面临的机遇、挑战及对策——基于"中巴经济走廊"框架[J]. 价格月刊,2018(5):52-56.

③ 王春燕. 莫迪执政以来印度外国直接投资政策改革分析[J]. 南亚研究季刊,2018(2):44-52,5.

表 2 上合组织部分成员国投资政策

国家	投资政策				
中国	2004 年《关于境外投资开办企业核准事项的规定》	2007 年《关于鼓励和支持非公有制企业对外投资合作意见》	2015 年"中国境外经贸合作区投资促进工作机制"建立	2017 年《推进"一带一路"贸易畅通合作倡议》	2021 年《数字经济对外投资合作工作指引》
俄罗斯	1999 年《俄罗斯联邦外国投资法》	2006 年《中俄鼓励和互相保护投资协议》	2008 年《俄罗斯限制外资程序法》	2010 年《提高俄罗斯联邦主体投资环境模式纲要》	2014 年《俄罗斯联邦社会经济超前发展区法》
哈萨克斯坦	1997 年《哈萨克斯坦吸引外国直接投资的优先经济领域的清单》	2003 年修订《海关事务法》和《哈萨克斯坦共和国投资法》	2015 年《2015 年创业法典》	2017 年制定"2018—2022 年国家投资战略"	2020 年《战略投资协定》
吉尔吉斯斯坦	1991 年颁布《外国投资法》	1997 年《许可证法》、制定新的《外国投资法》	2003 年《吉尔吉斯斯坦投资法》	2003 年《关于开办和注册外资企业、合资企业、国际联合体及组织的办法和条例》	2014 年签署新《吉尔吉斯斯坦自由经济区法》

续表

国家	投资政策			
塔吉克斯坦	1992 年《外国投资法》	1993 年《中华人民共和国政府与塔吉克斯坦共和国政府关于鼓励和相互保护投资协定》	2004 年《塔吉克斯坦共和国自由经济区法》	2007 年颁布新《投资法》	2019 年《中华人民共和国商务部和塔吉克斯坦共和国投资和国有资产管理委员会关于建立投资合作工作组的谅解备忘录》
乌兹别克斯坦	1996 年《给予外商投资企业优惠及鼓励的总统令》	1998 年《外资法》和《外国投资者权益保障及保护措施法》	2005 年通过《关于鼓励吸引私人外商直接投资的补充措施》的总统令	2006 年调整《外资法》	2011 年《中华人民共和国政府和乌兹别克斯坦共和国政府关于促进和保护投资的协定》
印度	1999 年《外汇管制法》	2006 年《特殊经济区（SEZ)法》	2006 年中印双方签订《双边投资保护协定》	每年发布《统合外商直接投资政策》（Consolidated FDI Policy）	2020 年《统合外商直接投资政策》（Consolidated FDI Policy）最近一次修订

续表

国家	投资政策				
巴基斯坦	1976年《外国私人投资(促进与保护)法》	1989年中巴双方签署《双边投资保护协定》	1992年《1992年经济改革保护法案》	2001年《投资委员会法令》	2013年《巴基斯坦投资政策2013》

(三)投资合作机会增多

随着上合组织成员国间投资政策与投资环境的不断改善,上合组织成员国间投资合作领域与规模也在进一步扩大,投资机会逐渐增多,尤其是"一带一路"倡议的提出,更进一步扩大了上合组织成员国间投资合作的平台。"丝绸之路经济带"的建设助力中亚各成员国向着基础设施建设、国际产能合作、贸易投资便利化的方向前进,加上丝路基金、亚洲基础设施投资银行等新的融资平台的出现,中国成为中亚国家最重要的投资伙伴,中国和中亚国家的经济合作达到全新水平。投资合作的便利性使得上合组织成员国间投资合作机会不断增多。自上合组织成立以来,中国不断扩大对俄罗斯、哈萨克斯坦、乌兹别克斯坦、吉尔吉斯斯坦等国的投资领域。同时,上合组织区域内不断出现各类大型投资项目,如达特卡—克明输变电工程、奥什市医院、中吉乌(兹别克斯坦)公路、亚湾—赫达特铁路桥隧道等,详见表3。[①]

---

① 阎德学. 上海合作组织经济合作:成就、启示与前景[J]. 国际问题研究,2021(3):85-106.

表3 上合组织成员国部分大型投资项目

时间	中国对上合组织成员国部分大型投资合作项目
2004年7月至2006年5月	中国、哈萨克斯坦合作进行中哈原油管道工程
2009年	中国、乌兹别克斯坦合作创建境外经贸合作区——乌兹别克斯坦鹏盛工业区
2013年	中国、俄罗斯合作进行亚马尔液化天然气（LNG）项目
2015年	中国、吉尔吉斯斯坦合作进行达特卡—克明输变电工程
2015年	中国、塔吉克斯坦合作建设亚湾—赫达特铁路桥隧道项目
2015年	中国、哈萨克斯坦签署共同发展哈萨克斯坦霍尔果斯—东门经济特区和中国连云港上合组织国际物流园区项目战略合作框架协议
2017年	中国—吉尔吉斯斯坦—乌兹别克斯坦公路成功试运行
2019年	中国、吉尔吉斯斯签署援坦奥什医院项目交接证书
2021年	中国、俄罗斯核能合作项目——江苏连云港的田湾核电站7号、8号机组和廖宁葫芦岛的徐大堡核电站3号、4号机组，正式开工
2022年	乌兹别克斯坦在撒马尔罕建设乌兹别克斯坦—上合组织工业区，为上合框架内实施联合项目搭建重要平台

四、投资合作与经济发展的实证分析

从上述上合组织投资合作现状来看，当前更多的投资合作被提上日程。无论是从经济全球化现状还是从全球经济衰退大趋势来看，上合组织成员国间的投资合作都极大程度改善了各成员国的经济结构，平稳了经济态势，对各成员国经济发展具有重大意义。为进一步证明上合组织投资合作对经济发展的重要意义，本文使用上合组织除中国外的其他五个初始成员国在2010—2020年的数据，构建中国对上合组织成员国投资合作与成员国经济增长关系的实证模型。

（一）计量模型的设定

本文在 Levine 和 Renelt 等提出的经典经济增长实证框架基础上 [①]，创建实证模型。由于上合组织不断有成员加入，为了保证数据的准确性，不干扰上合组织投资合作大框架，本文只选取中国对上合组织其他初始五国的投资作为关键变量引入模型，检验投资合作对经济增长的作用：

$$Y_{it} = \alpha + \beta_1 FDI_{it} + \beta_2 \sum X_{it} + \varepsilon_{it} \qquad （1）$$

其中，下标 i 和 t 分别表示第 i 个国家和第 t 年份。被解释变量 Y_{it} 为经济增长，用人均 GDP 增长率表示。FDI_{it} 为中国对上合组织成员国投资合作的相关指标。X_{it} 为控制变量合集，包括影响国家经济增长的其他因素，如政府财政支出（Gov）、劳动人口（Labour）、贸易额（Vot）、总储蓄率（Savings）、政府腐败控制（Corruption）。ε_{it} 为误差项。

（二）数据来源与变量选取

本文为保证数据的可得性、精确性及样本容量，使用 2010—2020 年俄罗斯、哈萨克斯坦、吉尔吉斯斯坦、乌兹别克斯坦、塔吉克斯坦五个上合组织初始成员国的面板数据来检验投资合作对经济发展的作用。数据均来源于世界银行 WDI 数据库和 WEO 数据库。各变量的选取和计算方法如下。

（1）上合组织成员国经济发展水平（记为 Y_{it}）：采用人均 GDP 增长率表示。由于本文样本较少，时间相对较短，故不适宜采用取对数的人均 GDP 交叠计算法，为使数据保持本身的真实性，直接使用世界银行

---

① Levine R, Renelt D. A Sensitivity Analysis of Cross-country Growth Regressions[J]. The American Economic Review, 1992, 82(4): 942-963.

数据库中人均 GDP 增长率为指标。[①]

（2）中国对上合组织成员国投资合作情况（记为 FDI_{it}）：用中国对其他成员国对外直接投资规模来衡量，用中国对其他成员国直接投资净额与当年地区 GDP 的比值表示。

（3）劳动人口（Labour）：用一国劳动人口的对数表示。根据新古典经济学理论，劳动力的增加将会对一国的经济增长产生正向影响。

（4）贸易额（Vot）：用贸易额占 GDP 的比重表示。贸易额表示一国经济增长受外部贸易环境的冲击程度，它可以代表世界经济趋势变动对成员国经济增长产生的影响。

（5）政府支出（Gov）：用中央政府财政支出占 GDP 的比重表示。由于国民收入恒等式的存在，政府支出与经济增长存在同向变动的关系。

（6）总储蓄率（Savings）：用社会总储蓄占 GDP 的比重表示。储蓄是一个国家国内生产总值增加的表现，因此储蓄与经济增长存在正相关关系。

（7）政府腐败控制（Corruption）：直接使用世界银行评估的各国腐败控制数据。由于国家经济发展水平不仅仅与国内外经济形势有关，更关键的是政府如何利用治理信息进行政治治理。低效的政府治理导致的腐败问题会严重阻碍经济发展。上合组织成员国具有独特的地缘政治特点，所以政府内部治理水平更加重要，加入政府腐败控制变量是必要的。[②]

① 杜晓蓉,周静. 来自中国的借款对"一带一路"沿线国家经济发展的促进效应研究——基于沿线 24 个国家的实证分析[J]. 新疆财经,2021(2):59-70.

② 王永钦,杜巨澜,王凯. 中国对外直接投资区位选择的决定因素:制度、税负和资源禀赋[J]. 经济研究,2014,49(12):126-142.

（三）面板回归及结果分析

前文已经对实证检验中要用到的数据做出了说明。鉴于上合组织成员国之间的投资合作数据获取困难，本文用中国对上合组织成员国的投资合作进行研究。实证分析前对变量的相关性等进行检验（表4），并进行了共线性检验（表5）。检验结果表明，所有变量数据具有一定的相关性，部分具有显著相关性，并且不存在严格的多重共线性，数据可以被运用于回归分析。

对中国对上合组织国家的投资情况与上合组织成员国的经济发展现状之间的因果关系进行回归分析，依据 Hausman 检验的结果采用个体随机效应模型。同时采用普通最小二乘法回归进行对比，使用计量软件为 stata。实证结果如表6所示。

表4　相关性分析

上合组织成员国经济发展水平	中国对上合组织成员国投资合作情况	政府支出	劳动人口	总储蓄率	贸易额
上合组织成员国经济发展水平	1				
中国对上合组织成员国投资合作情况	0.082 0	1			
政府支出	−0.316	0.399	1		
劳动人口	−0.326	−0.526	0.022 0	1	
总储蓄率	−0.010 0	−0.258	−0.299	0.266	1
贸易额	−0.022 0	0.488	0.420	−0.588	−0.570

表5　多重共线性诊断

变量	方差膨胀因子（VIF）	1/VIF
劳动人口	2.910	0.344
贸易额	2.530	0.395
政府支出	2.040	0.491
中国对上合组织成员国投资合作情况	1.840	0.543
总储蓄率	1.520	0.660
政府腐败控制	1.360	0.734

表6　实证结果

	上合组织成员国经济发展水平	上合组织成员国经济发展水平
中国对上合组织成员国投资合作情况	0.029 （0.038）	0.031 （0.038）
政府支出	−0.263*** （0.086）	−0.144 （0.167）
劳动人口	−0.135 （0.501）	−3.617 （13.853）
总储蓄率	−0.052 （0.061）	−0.019 （0.079）
贸易额	0.101 （2.182）	4.970 （3.533）
政府腐败控制	−6.588*** （1.883）	−4.615 （2.814）
_cons	8.391 （8.856）	58.348 （219.969）
N	55.000	55.000
r^2	0.901	0.972
r^2_a	0.826	0.817

注：① 括号中为标准号。
　　② $^*p < 0.1$；$^{**}p < 0.05$；$^{***}p < 0.01$。

表6检验了中国对上合组织成员国的投资情况与上合组织成员国经济发展之间的关系。检验结果表明,二者之间存在正相关关系,但是并不显著。系数值0.029为较小,这表明中国对上合组织成员国的投资对上合组织成员国经济发展的促进作用并不强,这一方面可能由于上合组织成员国间投资合作关系较为复杂,单纯的中国对外投资数据可能并不能完全用以论证中国对其他成员国投资合作的作用;更重要的一方面,可能因为上合组织成员国之间的投资合作存在众多问题,导致投资合作本可以带来的正向效益并没有被各成员国所吸收,由于上合组织成员国间投资合作政策有滞后性、投资合作环境因近年地缘政治竞争激烈存在巨大隐患、投资合作机会不能较好地应用于企业部门,故上合组织成员国间的投资合作在当前阶段对国家经济发展的归因效应并不显著。

通过实证结果进行回归分析还可以发现,各成员国间贸易合作的增加确实有利于该国的经济增长。但是,政府财政支出系数显著为负,是因为各成员国地理位置特殊,地缘政治的激烈竞争导致各成员国国情混乱,国内局势并不稳定,财政支出超过了本来应该运用的合理支出范围,导致经济增长与财政支出不匹配的问题。另外,劳动人口系数也为负,这是因为低人口增长率的国家具有较高的经济增长,因此经济具有收敛性。国家政府腐败控制的系数为 -6.588,表明政治制度上存在的问题及国内严重的腐败将导致政策制度、国家治理不够完善,对经济增长造成了很大的负面影响。

五、上合组织成员国间的投资合作存在的问题

正如上述实证分析所述,尽管上合组织成员国间的投资合作在近年来取得了令人瞩目的成就,但投资合作发展速度缓慢,加之近年来

国际形势变化愈发扑朔迷离、世界经济面临下行趋势、欧亚地区安全面临严峻形势等诸多因素影响,上合组织成员国间的投资合作不可避免地面临各类重大问题。

(一)上合组织成员国间的投资合作政策与机制有待加强

上合组织作为永久性的政府间国际组织,虽然各成员国分别出台了切实有效的投资合作政策,但从整个上合组织合作区域来看,仍然缺乏统一的规则标准。上合组织出台经济投资合作方面的文件较少。截至2019年6月,上合组织通过了约1 400份文件,其中近一半涉及安全领域的合作,涉及多边经济合作的文件仅占7%,而上合组织出台的这部分投资合作政策从总体来看其约束力及有效性仍然较弱。上合组织自成立以来签署了众多包括《上海合作组织成员国长期睦邻友好合作条约》《上海合作组织宪章》《关于贸易便利化的联合声明》《关于数字经济领域合作的声明》等在内法律合作文件,但从内容上来看大都非常宽泛,缺少专属的、详细的、具有可操作性的具体实践步骤,在投资合作方面大都起到"备忘录"而不是"说明书"的作用,使得各成员国间的投资合作存在巨大壁垒。

同时,上合组织内部投资政策较为松散,缺乏统一的监督管理体系,容易形成投资安全隐患,引起投资壁垒。从上合组织总体投融资机制来看,上合组织于2005年成立银联体,希望依托成员国政府的管理与企业的参与创建适合本地区多领域、多样化的投融资模式。[①]但银联体作为一种松散的金融合作形式机构,缺乏整体性管理制度,运行效率难以满足需求,迫切需要建立更为有效的投融资机制。例如,上合

---

① 宋军. 中国与巴基斯坦贸易面临的机遇、挑战及对策——基于"中巴经济走廊"框架[J]. 价格月刊,2018(5):52 -56.

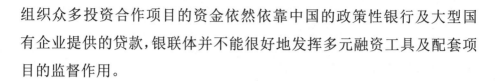

组织众多投资合作项目的资金依然依靠中国的政策性银行及大型国有企业提供的贷款,银联体并不能很好地发挥多元融资工具及配套项目的监督作用。

(二)上合组织成员国投资环境有待进一步改善

上合组织成员国投资环境一直存在极大的不稳定性,尤其是政治环境在近几年面临重大挑战。其中最重要的投资环境变化当属俄罗斯。受俄乌冲突影响,其地区安全形势发生严重动荡,区域发展态势遭受剧烈影响,上合组织成员国投资环境也将不可避免地受到深刻影响,导致投资宏观环境恶化。上合组织中对俄依赖较深的哈萨克斯坦和塔吉克斯坦等国均遭受了风险外溢的持续影响,其经济增长虽短期内呈现增长模式,但从长期来看存在严重下降风险;同时,部分国家对俄制裁策略也在一定程度上直接影响了上合组织区域内其他成员国的投资合作,比如中俄两国在能源油气资源开发方面的投资合作及贸易合作受到了西方对俄制裁的连带影响。

伴随俄乌冲突而来的威胁还有上合组织成员国地缘政治风险上升。由于中亚成员国间内部矛盾及外部干扰力量的加剧,上合组织地区安全受到严重威胁。在外部,俄罗斯的政治影响力受到极大程度的削弱,国际势力开始加速对中亚各成员国的渗透,加剧拉拢和分化进程,上合组织区域合作得到一定程度的"稀释"。土耳其顺势推进其提出的欧亚战略,哈萨克斯坦、吉尔吉斯斯坦等中亚国家参与了土耳其倡导建立的特定背景的国家组织;美国加强对印度的进一步拉拢,试图在政治方面遏制中国发展。在内部,中亚成员国矛盾被进一步激化,2022 年 9 月吉尔吉斯斯坦与塔吉克斯坦两国边境爆发的冲突导致上合组织成员国投资合作政治环境进一步恶化。

上合组织各成员国之间的投资环境自由化程度较低，投资合作受到限制较多。例如，哈萨克斯坦对外资进入其资源性领域加强了限制，商务人员的区域内流动也受到限制。

（三）上合组织框架下投资合作规模有待进一步扩大

上合组织投资合作体量较小，作为上合组织众多合作中的普通一环，投资合作显然还不成规模。表面上看，近年来上合组织成员国投资合作规模日益扩大，如中国对上合组织成员国直接投资存量从2009年的65.1亿美元扩张到2021年的325.1亿美元，扩大了4.99倍，并且投资合作项目从小型的医院建设到大型能源供给都有所涉猎，但从深层投资规模潜力来看，投资规模还有待进一步挖掘。上合组织成员国间的经济实力有所差异，最为强大的中国在2022年GDP高达18.1万亿美元，而经济体量最小的塔吉克斯坦在2022年GDP仅为104.9亿美元，巨大的经济体量差距导致利益认知分歧，人口数量从十几亿到几百万的巨大差异更使各成员国的投资能力、开放程度、市场规模差距悬殊，各成员国之间投资合作规模考量存在巨大分歧。另外，上合组织各成员国之间在投资合作方面的不信任也导致各成员国间的投资合作潜力未被完全挖掘，投资规模有待进一步扩大。

（四）中国对上合组织成员国的投资合作有待进一步深化

中国与上合组织成员国的投资合作还处于初级阶段，且大多为不对称性投资合作。对外直接投资是中国对上合组织成员国投资合作的主要方式，上合组织成员国对中国的投资规模较小，投资合作发展不平衡，波动性极大。同时，中国对上合组织成员国的投资合作在价值链合作与产业嵌入方面程度较低，高端制造和高科技领域的投资合作远低于需求水平，经济拉动作用和技术外溢效应有限。

六、对上合组织成员国投资合作提出的建议

（一）进一步完善投资制度设计，实现上合组织统一制度化

为释放投资合作潜力、增强上合组织影响力、实现可持续发展，完善的制度设计是推进上合组织投资合作的长远大计。在上合组织内部层面要努力制定具有实践性的投资合作制度，摒弃制度的浮空性，在有效利用框架内现有机制政策的情况下，借鉴国际其他组织投资合作制度进行改革，保证上合组织顶层制度设计的便利性、实际化，同时对现有投资合作机制施以有效的监督。在各个上合组织成员国间，应积极利用总理定期会晤机制、领导机构交流展开合理沟通，以各成员国的投资政策为基础，以现有的国际规则与双边投资协定为参考，结合各成员国经济发展水平及产业结构特点，统筹规划重点投资合作领域的投资制度，尽可能统一成员国内部投资规则，打破成员国间的投资壁垒，实现多方面的投资便利化，提高上合组织成员国间投资合作的效率。在制定完善的内外部政策的同时要加强对投资合作的保护力度，顺应国际投资规则新形势，对双边投资保护协定、多边投资保护协议进行充实、细化并尽快落实，运用海外投资担保制度进一步加强对投资合作风险的政策性监管。

（二）深层次创新多边投资实践，强化战略合作，找寻利益共同点，改善投资环境

当前形势下，上合组织面临地缘政治竞争、外部分化势力干涉等严峻问题，投资合作的宏观环境基础遭受重大威胁。上合组织应坚定合作至上理念。首先，不断拓展区域产业链、供应链、资金链安全的多边合作机制，稳固已有优势项目。其次，充分发掘差异化优势，构建区域数字投资合作机制，加快优势资源流动，创新多边合作实践。可以当前

政治环境为背景创新实施"小多边"合作,将上合组织内经济体量、产业模式、利益支点相似的成员国先推入多边投资合作的进程,通过多个小型多边投资合作逐步形成大多边合作网络。同时,加强上合组织成员国尤其是核心成员国之间的战略协作,努力深化中俄在上合组织框架下的战略协调与投资合作,增强双方互信,加强在核心敏感经济领域的投资合作,释放投资合作潜能。在维护好内部成员国战略协作的基础上积极向外发展新的成员国,以坚持"上海精神"为核心,以公平合理、共同发展为内涵,为投资合作创造更加广阔有序的投资环境。

(三)支持投资主体多元化发展,拓展投资合作领域

上合组织的投资合作不是单一化、单向化、独立化的,良好的投资合作应当注重多元化发展。上合组织应认真分析各成员国间的投资主体发展需求,探寻各类投资主体的不同发展优势,创新投资主体合作模式。注重供给侧改革,积极引导投资主体多元化发展,引导企业充分整合自身的优势资源,统筹发挥合力作用,将贸易、投资、融资集于一体,发挥企业产业链的优势互补作用。在上合组织内部建立成员国多元化投资主体,努力关联产业链上下游企业,寻求外部投融资金融机构的支持。在这一投资主体基础上,基于各成员国的投资合作潜力进行开发,鼓励发展互利的创新伙伴关系,推动投资合作自由化进程,在新兴技术引领下将合作领域由传统的能源矿产资源、基础设施建设领域向农业、服务业、高新技术产业等新兴产业拓展,积极开展大型投资合作项目,不断向上合组织各成员国提供一步到位的、高效建设的投资合作机会。

2001—2021 年上合组织成员国外商直接投资对环境可持续性的影响研究[①]

王小青(青岛大学经济学院,山东青岛 266100)

摘要:本文旨在探讨外商直接投资对上合组织成员国环境可持续性的影响。通过综合分析和实证研究,我们揭示了外商直接投资对环境可持续性的双重影响并提出相应的政策建议。研究发现,在中国和俄罗斯的外商直接投资可以带来环境技术、管理经验和资源的转移,对环境可持续性具有积极影响。然而,在哈萨克斯坦和吉尔吉斯斯坦的外商直接投资可能导致环境污染和资源过度开发等问题,对环境可持续性具有潜在负面影响。此外,在印度、巴基斯坦、塔吉克斯坦和乌兹别克斯坦的外商直接投资对环境可持续性无显著影响效果。因此,为了实现经济发展与环境保护的双赢局面,应实施技术和经验转移、加强环境监管和执法、提高环境意识和教育水平、加强国际合作等政策措施。本文对于上合组织成员国制定相关政策和引导外商直接投资

[①] 数据截至 2021 年年底。因伊朗于 2023 年加入上海合作组织,故本文分析不包括伊朗。

具有重要参考价值。

关键词：上海合作组织；外商直接投资；环境可持续性

一、引言

外商直接投资（Foreign Direct Investment，FDI）作为国际经济合作的重要形式，在全球范围内发挥着举足轻重的推动作用。随着全球化进程的不断加速，各国之间的经济联系日益紧密，外商直接投资成为促进国际贸易、推动技术转移和推进经济增长的关键驱动力。在这一过程中，上合组织作为一个多边经济合作机构发挥着重要的角色作用，为成员国之间的经济合作提供了框架和平台。在上合组织框架下，成员国之间开展了广泛的经济合作，包括贸易投资、基础设施建设、金融合作等领域。上合组织为成员国提供了一个开放稳定的经济环境，鼓励和吸引了外国投资者的参与。通过加强政策协调、降低投资壁垒和提供投资保护，上合组织为外商直接投资提供了更加有利的发展条件，促进了成员国之间经济的互利共赢。

与此同时，环境的可持续性是当今全球面临的一个重要挑战，涉及对自然资源的保护、对环境污染的防控以及对生态平衡的维护等方面。随着全球人口的不断增长和经济的快速发展，人类对自然环境的需求与压力也在不断增加。因此，保护和维护环境的可持续性成为全球共同关注的议题。实现环境的可持续性是全球共同的责任和挑战，需要各国共同努力。

在这一进程中，外商直接投资作为国际经济合作的重要形式，可能为实现经济发展与环境保护的良性循环提供关键性力量。许多学者证明外商直接投资对环境的可持续性可能产生积极的潜在影响。具体而言,随着外国企业的进入,先进的环保技术和管理经验得以引入,促进环境保护的技术进步和创新。① 外商直接投资还可以带来资源的转移,包括资金、技术和人力资源等方面的投入。这些资源的引入有助于提升国家和地区的环境管理能力,改善环境治理水平,从而推动环境可持续性的实现。② 然而,一些研究认为,外商直接投资也可能带来消极的影响,对环境可持续性构成挑战。一些外国企业在追求利润最大化的同时,可能忽视环境保护的重要性,导致环境污染和生态破坏。③ 例如,一些工业企业可能采用落后的生产技术和环境管理标准,导致大气污染、水污染和土壤污染等问题的加剧。此外,外商直接投资还可能引发资源过度开发的问题,如大规模采矿和林业开发对自然资源和生态系统造成压力,进而威胁环境的可持续性。

因此,准确评估外商直接投资对环境可持续性的影响,既要重视积极的方面,也要认识到消极的方面。只有在充分了解和考虑这些潜在影响的基础上,我们才能制定出有效的政策和措施,最大限度地发挥外商直接投资的积极作用,降低其负面影响,实现经济发展与环境保

---

① 吉生保,姜美旭. FDI 与环境污染:溢出效应还是污染效应?——基于异质性双边随机前沿模型的分析 [J]. 生态经济,2020,36(4):170-175;李佳佳,郭雅娟,刘嘉彤. 环境规制、外商直接投资与环境污染——基于中国城市面板数据的实证分析 [J]. 经济问题,2022,520(12):45-52.

② 王奕淇,段洋洲. 中国双向 FDI 协调发展的碳减排效应 [J]. 中国人口·资源与环境,2023,33(4):70-81.

③ 叶阿忠,郑航. FDI、经济发展水平对环境污染的非线性效应研究——基于中国省际面板数据的门限空间计量分析 [J]. 工业技术经济,2020,39(8):148-153;宋文飞. 中国外商直接投资对碳生产率的双边效应 [J]. 大连理工大学学报(社会科学版),2021,42(5):52-63.

护的良性互动。在此背景下,本文旨在探讨上合组织成员国外商直接投资对环境可持续性的影响,以期为相关决策制定和政策调整提供科学依据,实现经济发展与环境保护的协调发展。

二、上合组织成员国外商直接投资与环境可持续性现状分析

外商直接投资在上合组织成员国的经济发展中扮演着重要角色。本部分将对上合组织成员国外商直接投资的现状进行分析,以深入了解其对环境可持续性的影响。

(一)中国的外商直接投资

中国作为上合组织的核心成员国之一,吸引了大量的外商直接投资。近年来,中国政府积极推动开放型经济发展战略,为外商提供了更加便利和开放的投资环境。根据中国商务部的数据,截至2021年年底,中国累计吸引外商直接投资总额超过 2.3 万亿美元,累计批准外商投资企业超过 1.3 万家。外商直接投资的领域涵盖了制造业、服务业、高新技术产业等多个领域。外商直接投资为中国带来了先进的技术、管理经验和资本,推动了中国经济的发展。然而,与此同时,一些外资企业在发展过程中也面临着环境污染、资源浪费和生态破坏等问题。根据生态环境部的数据,中国仍然面临着大气污染、水体污染和土壤污染等环境问题,部分与外商直接投资相关的行业是导致环境污染的重灾区。因此,中国政府致力于加强环境保护和可持续发展,通过引导外商直接投资向环境友好型产业转移、加强环境监管和技术创新等措施,以减少环境影响并维护环境的可持续性。

(二)俄罗斯的外商直接投资

俄罗斯作为上合组织的重要成员国之一,也吸引了大量的外商直

接投资。俄罗斯作为全球重要的能源出口国,能源行业是外商直接投资的重点领域。根据俄罗斯联邦统计局的数据,截至 2021 年年底,俄罗斯累计吸引外商直接投资总额超过 4 000 亿美元。外商直接投资为俄罗斯带来了技术、资本和市场机会,推动了俄罗斯经济的发展。然而,一些能源开发项目在俄罗斯引发了环境污染和生态破坏的问题。例如,石油、天然气等矿产资源开采过程中的泄漏和排放对环境造成了一定的影响。俄罗斯政府意识到环境保护的重要性,并采取了一系列政策和措施来解决环境问题,以促进环境可持续性发展。例如,俄罗斯实施了严格的环境监管措施,加强了对能源企业的监督和管理,推动了绿色能源的发展和可持续能源的利用。

(三)哈萨克斯坦的外商直接投资

哈萨克斯坦拥有丰富的矿产资源和能源资源,吸引了许多外国企业投资。根据哈萨克斯坦投资委员会的数据,截至 2021 年年底,哈萨克斯坦累计吸引外商直接投资总额超过 3 000 亿美元。外商直接投资为哈萨克斯坦带来了技术、资本和市场机会,推动了该国经济的发展。然而,矿业开发和能源产业对环境造成了一定的压力。例如,石油和天然气开采过程中的环境污染、水资源的过度开采以及土地的破坏等问题存在。为了解决这些问题,哈萨克斯坦政府加强了环境保护的法律法规,并推动了可持续发展战略的实施,通过引入更环保的技术和设备、改善环境监管和加强环境教育,在吸引外商直接投资的同时保护环境并实现可持续发展。

(四)吉尔吉斯斯坦的外商直接投资

吉尔吉斯斯坦位于中亚地区,具有丰富的矿产资源和农业资源。外商直接投资为吉尔吉斯斯坦带来了资金、技术和市场机会,推动了该国经济的发展。根据吉尔吉斯斯坦投资促进与保护局的数据,截至2021年年底,吉尔吉斯斯坦累计吸引外商直接投资总额约为100亿美元。然而,吉尔吉斯斯坦也面临着环境可持续性的挑战。矿业开采和农业活动可能导致土地退化、水资源污染和生态系统破坏。为了解决这些问题,吉尔吉斯斯坦政府加强了环境管理和监测,并推动了可持续发展战略的实施。通过制定环境保护法律、促进清洁能源发展和推广可持续农业实践,吉尔吉斯斯坦努力平衡外商直接投资的经济利益的获得与环境保护的目标的实现。

(五)塔吉克斯坦的外商直接投资

塔吉克斯坦采取积极措施吸引外商直接投资,并促进经济多元化发展。塔吉克斯坦的主要外商直接投资领域包括能源、农业、制造业和旅游业。外商直接投资为塔吉克斯坦带来了资金、技术和市场机会,推动了该国的经济发展。然而,塔吉克斯坦也面临着环境可持续性的挑战。土地退化和气候变化等问题对该国的环境造成了影响。为了解决这些问题,塔吉克斯坦政府加强了环境监管和保护,并推动可持续发展战略的实施。塔吉克斯坦通过制定环境保护法律、促进可再生能源的利用和实施土地保护措施,在吸引外商直接投资的同时,保护环境并实现可持续发展。

(六)乌兹别克斯坦的外商直接投资

乌兹别克斯坦是上合组织成员国中外商直接投资吸引力较强的国家之一。该国具有丰富的矿产资源、农业资源和劳动力资源。外商直接投资为乌兹别克斯坦带来了资金、技术和市场机会,推动了该国的经济发展。根据乌兹别克斯坦投资委员会的数据,截至2021年年底,乌兹别克斯坦累计吸引外商直接投资总额超过150亿美元。然而,乌兹别克斯坦也面临着环境可持续性的挑战。矿业开采、化工工业和农业活动可能导致土地退化、水资源污染和生态系统破坏。为了解决这些问题，乌兹别克斯坦政府加强了环境保护和可持续发展的措施。通过引入先进的环境技术和设备、改善环境监管和促进可持续农业发展，努力平衡外商直接投资的经济利益的获得与环境保护的目标的实现。

（七）印度的外商直接投资

作为全球第五大经济体，印度具有庞大的市场规模、丰富的人力资源和创新能力。外商直接投资为印度带来了大量的资金、技术和市场机会，推动了经济的发展。根据印度投资促进与对外贸易局的数据，截至 2021 年年底，印度累计吸引外商直接投资总额超过 500 亿美元。然而，印度也面临着环境可持续性的挑战。工业污染、水资源管理和城市化对环境造成了一定的压力。为了解决这些问题，印度政府进一步加强了环境管理和保护，并推动了可持续发展战略的实施，通过推广清洁能源、加强环境监管和促进可持续城市规划，努力实现外商直接投资与环境保护的双赢局面。

（八）巴基斯坦的外商直接投资

巴基斯坦具有丰富的自然资源、劳动力和地理位置优势，吸引了许多外国企业投资。根据巴基斯坦投资委员会的数据，截至 2021 年年底，巴基斯坦累计吸引外商直接投资总额超过 50 亿美元。外商直接投资为巴基斯坦带来了资金、技术和市场机会，推动了经济的发展。然而，巴基斯坦也面临着环境可持续性的挑战。能源开发、工业污染和土地退化等问题对该国的环境造成了一定的影响。为了解决这些问题，巴基斯坦政府采取了一系列环境保护和可持续发展的举措。巴基斯坦通过引入清洁能源、改善环境监管和推动可持续农业实践，致力于平衡外商直接投资的经济利益的获得和环境保护目标的实现。

综上所述,上合组织成员国的外商直接投资对经济发展起到了重要推动作用。然而,外商直接投资也对环境可持续性产生了潜在影响,既包括积极的方面,如技术转移和资源利用,也包括消极的方面,如环境污染和资源过度开发。为了实现经济发展与环境保护的双重目标,上合组织成员国需要加强环境管理和监管,推动可持续发展战略的实施,促进环境友好型投资,并提升环境技术和意识,以确保外商直接投资对环境可持续性产生积极影响。

三、上合组织成员国外商直接投资影响环境可持续性的实证分析

在本部分,我们将进一步实证分析上合组织成员国外商直接投资对环境可持续性的影响。为了进行实证分析,我们收集上合组织成员国的外商直接投资数据和碳排放指标数据,并运用 ADF 检验法对样本序列及其一阶差分序列进行平稳性检验,检验结果见表1。结果显示各原序列的 ADF 值都大于1%临界值则拒绝不存在单位根的原假设,表明原序列为非平稳序列;而差分序列的 ADF 值都小于1%临界值,则差分序列为平稳序列,接下来可进行协整分析。

表 1　序列和一阶差分序列的 ADF 检验结果

序列	ADF 统计量	1% 临界值	一阶差分序列	ADF 统计量	1% 临界值
中国外商直接投资	−3.489	−3.670	中国外商直接投资	−3.887	−3.679
印度外商直接投资	−1.529	−3.670	印度外商直接投资	−6.606	−3.679
哈萨克斯坦外商直接投资	−3.644	−3.670	哈萨克斯坦外商直接投资	−6.109	−3.689

续表

序列	ADF 统计量	1% 临界值	一阶差 分序列	ADF 统计量	1% 临界值
吉尔吉斯斯坦 外商直接投资	−2.261	−3.670	吉尔吉斯斯坦 外商直接投资	−5.654	−3.679
巴基斯坦外商 直接投资	−1.724	−3.670	巴基斯坦外商 直接投资	−4.462	−3.679
俄罗斯外商 直接投资	−1.691	−3.670	俄罗斯外商 直接投资	−7.242	−3.679
塔吉克斯坦外 商直接投资	−1.604	−3.679	塔吉克斯坦 外商直接投资	−9.736	−3.679
乌兹别克斯坦 外商直接投资	−2.266	−3.670	乌兹别克斯坦 外商直接投资	−7.060	−3.679
中国碳排放 指标	−1.117	−3.670	中国碳排放 指标	−7.616	−3.679
印度碳排放 指标	−1.577	−3.670	印度碳排放 指标	−6.784	−3.679
哈萨克斯坦 碳排放指标	−1.240	−3.670	哈萨克斯坦 碳排放指标	−3.925	−3.679
吉尔吉斯斯坦 碳排放指标	−2.887	−3.670	吉尔吉斯斯坦 碳排放指标	−3.760	−3.679
巴基斯坦碳 排放指标	−1.952	−3.670	巴基斯坦碳 排放指标	−4.564	−3.679
俄罗斯碳排放 指标	−3.534	−3.670	俄罗斯碳排放 指标	−5.292	−3.679
塔吉克斯坦碳 排放指标	−1.322	−3.670	塔吉克斯坦 碳排放指标	−6.440	−3.679
乌兹别克斯坦 碳排放指标	−2.082	−3.670	乌兹别克斯坦 碳排放指标	−5.939	−3.679

对 FDI 和环境可持续性样本序列进行 Johansen 协整检验，结果显示只有"协整向量数目为 0"的原假设对应的统计量大于 5% 的显著水平，原假设被拒绝，因此在外商直接投资和环境可持续性变量之间至少存在一种协整关系。因此构建 VAR 模型，估计结果如表 2 所示。

表 2　上合组织成员国外商直接投资影响环境可持续的估计结果

序列	影响系数	T 统计量
中国	−0.013	3.919
哈萨克斯坦	0.031	2.989
吉尔吉斯斯坦	0.006	3.372
俄罗斯	−0.001	−2.966
塔吉克斯坦	0.031	0.960
乌兹别克斯坦	−0.023	−0.997
印度	0.016	1.087
巴基斯坦	0.029	1.219

由表 2 可知，中国的影响系数为 −0.013，并且通过了显著性检验，表示外商直接投资对中国的环境可持续性有正向影响，即外商直接投资对中国的环境可持续性产生积极影响。可能的原因是，外商直接投资引入了更环保和可持续的技术和管理经验，帮助中国减少环境污染和资源消耗，促进了环境的可持续发展。中国作为全球最大的外商直接投资目的地之一，吸引了大量的外国企业投资。这些外商直接投资在中国的环境可持续性发展中发挥了重要作用。一方面，外商直接投资引入了先进的环境保护技术和管理经验，推动了中国环境治理水平的提高。例如，在节能减排、废水处理、垃圾处理等领域，外资企业常常

带来先进的技术和设备,有助于减少污染物的排放和资源的浪费。另一方面,外商直接投资促进了中国的可持续发展和绿色经济转型。外资企业在中国投资建设环保产业园区、新能源项目、清洁生产基地等,推动了清洁能源的利用和可再生能源的发展。这些举措有助于减少对传统能源的依赖,降低碳排放,推动中国向低碳经济转型。此外,外商直接投资还带来了更加严格的环境管理和监管标准。为了吸引外资和提高投资环境,中国政府加大了对环境保护的力度,加强了环境法规和政策的制定与执行。外商直接投资也催生了更加透明和规范的环境保护体系,促进了环境管理的改善。

哈萨克斯坦和吉尔吉斯斯坦的影响系数分别为 0. 031 和 0. 006,并且通过了显著性检验,表示外商直接投资对哈萨克斯坦和吉尔吉斯斯坦的环境可持续性有负向影响,即外商直接投资对该国的环境可持续性产生不利影响。可能的原因是,外商直接投资引入了高能耗和高污染的行业,导致环境污染程度增加,对环境可持续性构成挑战。哈萨克斯坦和吉尔吉斯斯坦属于资源丰富型国家,吸引了大量的外商直接投资,特别是在能源、矿产和化工等行业。这些外资企业通常需要大量的能源和原材料,其生产过程可能导致环境污染和资源消耗的增加,从而对哈萨克斯坦的环境可持续性产生不利影响。

俄罗斯的影响系数为 −0. 001,并且通过了显著性检验,表示外商直接投资对俄罗斯的环境可持续性有正向影响,即外商直接投资对该国的环境可持续性产生积极影响。可能的原因是,外商直接投资引入了更环保和可持续的技术与管理经验,有助于俄罗斯减少环境污染和资源消耗,推动环境可持续发展。

塔吉克斯坦和乌兹别克斯坦的影响效果均不显著。实证结果证明,塔吉克斯坦和乌兹别克斯坦在吸引外商直接投资方面还需要进一步加强环境管理和监管,以确保外商直接投资对环境可持续性产生积极影响。

印度的影响系数为0.016,未达到显著性水平,表示外商直接投资对印度的环境可持续性有负向影响,但影响效果不显著。一方面,印度吸引外商直接投资的政策和法规相对宽松,可能导致一些外资企业对环境问题的关注不足。这可能导致部分外商直接投资项目在环境方面的规范性要求和执行力度不够,进而对环境的可持续性产生一定的负向影响。另一方面,印度在环境保护和资源管理方面面临挑战。由于印度人口众多和经济发展迅猛,能源消耗量大、废水排放量大等问题成为环境可持续性的主要挑战。印度政府应加大监管力度,采取更加严格的环境法规和标准,加强环境监管和执法能力,以确保外商直接投资对环境可持续性的负向影响最小化。

巴基斯坦的影响系数为0.029,未达到显著性水平,表示外商直接投资对巴基斯坦的环境可持续性有负向影响,但影响可能不显著。由此,巴基斯坦在吸引外商直接投资方面可能需要进一步加强环境管理和监管,以确保环境可持续性发展。

四、结论及政策建议

本文旨在探讨上合组织成员国外商直接投资对环境可持续性的影响。通过实证分析,我们发现不同成员国的外商直接投资对环境可持续性产生了不同的影响。对于中国和俄罗斯而言,外商直接投资引入了先进的环保技术和管理经验,对环境可持续性有积极影响,促进了环境保护和可持续发展。然而,在哈萨克斯坦和吉尔吉斯斯坦的外商直接投资对环境可持续性产生了显著的负向影响。在印度、巴基斯坦、塔吉克斯坦和乌兹别克斯坦的外商直接投资对环境可持续性无显著影响效果。

基于上述研究结果，本文提出以下政策建议。第一，政府应加强对外商直接投资项目的环境监管和执法力度，确保企业履行环境责任，减少环境违规行为的发生。第二，政府应鼓励外商直接投资者将环保技术和管理经验引入当地市场，提升环境保护和可持续发展的水平。同时，促进本土企业与外商直接投资者的技术合作，推动环境技术的本土化和创新。第三，上合组织成员国可以加强在环境保护和可持续发展领域的国际合作，分享经验和最佳实践，共同应对全球环境挑战。通过合作项目和资金支持，推动技术转移和知识共享，加速成员国的绿色发展和可持续经济转型。第四，政府可以制定激励政策，鼓励外商直接投资者在环境友好型产业和绿色技术领域进行投资。第五，加强信息共享、提高信息的透明度，提供关于外商直接投资项目对环境的影响和环境监管情况的公开信息。公众和利益相关方可以通过了解相关信息，参与环境保护的监督和评估。第六，加强环境评估和审批制度，确保外商直接投资项目在环境可持续性方面符合要求。加强与相关部门的合作，提高环境评估的科学性和准确性，降低环境风险，实现经济增长与环境保护双赢。

访谈资讯

彰显上合示范区高能级平台作用，建设"一带一路"全方位合作桥头堡

——专访中国-上海合作组织地方经贸合作示范区党工委委员、管理委员会副主任郝国新

记者：您好，上合示范区自启动建设以来一直被社会各界广泛关注，请您为我们介绍一下，上合示范区在 2023 年取得了哪些主要成绩。

郝国新：2023 年以来，上合示范区深入贯彻落实习近平总书记重要指示精神，在省委、省政府，市委、市政府坚强领导下，在省商务厅具体指导下，聚焦服务国家对外工作大局，突出公共属性，放大示范效应，坚持"一核引领、全域联动"，持续搭平台、创模式、聚产业、强主体，"四中心一学院"建设实现新突破，区域联动、国际合作迈出坚实步伐。1月至8月，开行中欧班列682列，同比增长30.4%；新招引项目101个，总投资947亿元（目前，在建项目91个，总投资1 540亿元）；新增市场主体503家，与上合组织国家进出口额同比增长44.7%，双向投资额同比增长37.5%，得到了国内国际、各级各界的充分认可。具体如下。

一是在更大范围搭建"上合平台"，支撑辐射作用越来越强。

按照时任青岛市委书记陆治原"进一步建强载体平台"的要求，突出公共属性，把平台作为疏堵点、破难点、除痛点的重要抓手，促进

经贸合作走深走实。启用上合组织经贸学院实体院区，可同期驻训500人，培训2 000人；1月至8月举办经贸、扶贫培训68个班次、培训4 619人次。迭代升级上合经贸综服平台，发布2.0版本，扩展上合组织各方普遍关注的本币结算、易货贸易、监管互认等服务。平台自2022年11月上线以来吸引5 000余家国内外企业入驻，完成申报报关单7 027票，金额达317.7亿元。揭牌运营青岛国际能源交易中心，围绕能源交易、供应链金融等提供公共服务，2023年2月揭牌以来已入驻143家主体，交易额突破600亿元。加快建设上合国际枢纽港，坚持"建港、聚流、优产、塑城"，加快30个重点项目建设，空港型综合保税区封关运行，空港型国家物流枢纽获批。

二是在更高维度探索"上合模式"，示范带动作用越来越大。

坚持内优机制、外创模式，示范带动作用不断增强。探索建立"管委会＋平台公司＋研究院"发展模式。深化"上合策源、临空支持、胶州托底、全域联动"，设立北京联络中心、上海联络中心，增设投资促进局、区域联动部，增强"一核引领"攻坚突破动能。深化市场化运营模式，依托AAA级上合控股，对应"四中心一学院"分别成立运营公司，发挥"上合模式"的示范作用。联合商务部国际贸易经济合作研究院组建上合经贸发展研究院，推出建设发展评价指标体系。稳步推进制度型开放。新推出26项、累计推出82项制度创新案例。推动海关与乌兹别克斯坦签订AEO互认协议。上合贸易指数获"中国服务实践案例奖"。上合技贸评议基地、上合香辛料技贸研究评议基地分别获海关总署评审批复，分别成为全国首个区域性技贸评议基地、全国唯一的香辛料技术贸易性措施研究评议基地。首笔线上仓单质押融资业务成功落地。中国证监会正式批复国联证券资产管理牌照，注册资本10亿元，填补了青岛市券商类资管业态空白。

三是在更广领域链接"上合资源"，协同联动成效越来越好。

按照商务部的指导意见，立足国际、国内、省内三个圈层，加强在物流、贸易、产业、教育等领域的协同联动。推动国际共联。落实中国—中亚峰会精神，与哈萨克斯坦阿拉木图达姆工业物流中心等签署六份合作框架协议，达成乌兹别克斯坦塔什干市充电网规划建设运维、吉尔吉斯斯坦比什凯克市政府在上合之珠国际博览中心设立驻中国联络代表处等一系列务实合作成果，成立中欧班列（齐鲁号）首个海外集结中心，达成青岛市与塔什干市缔结友城意向（投资方面，特来电新能源股份有限公司与塔什干市签署协议，拟投资 2 亿元，建设 1500 个充电桩；物流方面，与阿拉木图达姆工业物流中心、哈萨克斯坦中国贸易投资促进协会签署协议；文旅方面，与乌兹别克斯坦火箭旅游雷吉斯坦公司签署协议，与哈萨克斯坦阿拉木图文化中心、吉尔吉斯斯坦旅游基金达成开展旅游合作共识；农业方面，阿拉木图工业园将无偿划拨 11 公顷土地，推动谷普现代农业项目；人才培养方面，与乌兹别克斯坦纺织服装工业协会、塔什干纺织与轻工业学院签署协议，还将与"丝绸之路"国际旅游与文化遗产大学联合成立中—乌国际交流学院）。发起组建 21 个上合组织国家园区加入的上合组织产业园区联盟，促进产业链、资金链、贸易链、信息链串联融合。推动国内共建，加强与国内其他门户城市和对外开放平台的互动交流，组织开展"走进新丝路、共建新平台""共享上合机遇、区域协同发展"等调研学习活动，与兰州新区管理委员会、喀什地区行政行署、同江市人民政府等签署合作协议，落地上合—喀什国际枢纽港合作项目等共联共建项目。推动省内共惠，与潍坊市签署合作协议，与八家园区共建联动创新区，共同打造产业、技术等方面的优势。

四是在更深层次拉紧"上合纽带"，交流合作成效越来越实。

发挥好上合之珠国际博览中心的载体支撑作用,举办多形式、多维度、多样化的国际经贸对话、人文交流活动。高效保障"中国＋中亚五国"产业与投资合作论坛、上合组织民间友好论坛暨友好城市论坛,10个案例入选"中国＋中亚五国"优秀合作成果。承办上合组织产业链供应链论坛暨2023上合博览会,发出契合上合组织各方共同期待的《青岛倡议》,吸引34个国家和地区的330家企业、机构参展。举办中国-上海合作组织国家文化和旅游推介周等"上合之夏"特色主题活动,设立上合组织国家文化交流与合作基地。应邀参加第七届中国—俄罗斯博览会、第十三届中国对外投资合作洽谈会、2023年中国国际服务贸易交易会等国际国内顶级展会,示范区影响力越来越强。

记者:上合示范区不断建设发展,请您介绍一下现阶段上合示范区建设和发展有待进一步提升的方面。

郝国新:一是公共服务属性还不够强。

商务部调研指出,上合示范区以服务山东省内企业为主,对国内其他地区企业与上合组织相关国家合作的推动作用发挥不足,为上合组织其他国家企业对中国开展经贸合作提供"一站式"便利化服务的水平亟待提高。这些反映出上合示范区在提升上合经贸综合服务平台、青岛国际能源交易中心等重点平台的影响力,强化公共服务属性方面还有差距。上合示范区核心区缺少国际化教育、医疗和大型商超等城市配套设施,承接高层级会议、会展综合保障能力有待进一步提升。

二是资源统筹能力还不够强。

上合组织国家主要为发展中国家和欠发达经济体,市场经济发展多处于早期阶段,缺乏对外投资实力,目前合作主要集中在能源、农业等政策密集型领域,急需运力资源、结算渠道等关键性政策支持。而

《中国-上海合作组织地方经贸合作示范区建设总体方案》试点任务多、支持政策少。争取通过部省联席会、司局级会议解决突出堵点、难点问题的力度不够大,缺乏与其他省市商务主管部门的合作对接机制,挖掘并用好全国资源的渠道有待丰富。

三是对外开放示范效应还不够强。

对外合作基础较为薄弱,落实峰会成果、友城合作成效不够突出。对上合组织国家国别、城市、园区的分析和研究不够深入、精准,推进经贸合作的方向、路径、措施有待优化,对外开展经贸合作的能力需在主管部门支持下加快提升。

记者:请您为我们介绍一下,未来上合示范区建设发展的具体工作打算?

郝国新:2023 年 7 月 4 日,习近平总书记在上合组织成员国元首理事会第二十三次会议上做出"积极发挥这些机制平台作用,全力破解务实合作堵点难点问题,促进本组织国家经济高质量发展"重要指示要求。5 月 18 日,李强总理调研做出"努力打造'一带一路'国际合作新平台,拓展合作领域,加强资源对接、优势互补,共同锻造长板,实现互利共赢"的要求。2023 年 6 月 15 日,商务部副部长凌激参加"双链"论坛并指出,上合示范区要强化平台公共产品属性,联动承担对外开放平台使命,深耕上合组织经贸合作节点城市,共同锻造发展长板。2023 年 9 月 15 日,青岛市召开领导小组会议,时任青岛市委书记陆治原提出建设物流枢纽、大宗交易、综合服务、交流展示、人才集聚、改革创新、协同联动七个方面平台的要求。

下一步,我们将深入贯彻落实习近平总书记重要指示要求,认真学习贯彻李强总理讲话精神,按照省委、省政府,市委、市政府部署要求,锚定"走在前、开新局",当好平台搭建者、资源链接者、方案提供者,加快打造"三区一高地",为服务国家对外工作大局做出新贡献。

一是当好平台搭建者,推动布局优化功能提升。

全力打造上合国际城、枢纽港新城、卡奥斯新城等重点片区,确保上合大道 7.6 公里新建段年内通车,上合大厦、青创中心等载体 2024 年投入使用,规划建设"丝路电商"综合服务基地等公共服务平台,打造容量大、功能全、服务优、底座实的"一带一路"国际合作新平台。

二是当好资源链接者,推动资源整合要素集聚。

加大"走出去"力度,加强与承担对外开放平台节点城市的务实合作,推动年内中欧班列开行突破 1 000 列;青岛国际能源交易中心交易额突破 1 000 亿元;与上合组织国家进出口额达到 120 亿元、增长 50%,力争引进过 50 亿元项目 5 个、10 亿元以上项目 30 个。

三是当好方案提供者,推动制度创新政策集成。

争取召开部省联席会及司局级会议,推动解决示范区建设遇到的政策性障碍。召开制度创新新闻发布会,推出 2023 年度制度创新案例。依托上合经贸发展研究院,开展示范区政策制度集成创新体系研究,开展"一票制、一单制、一箱制"交通强国专项试点,积极争取能源、农业、贸易等领域关键政策支持。

2023 年 9 月

项目推介

青岛·上合之珠国际博览中心

　　青岛·上合之珠国际博览中心项目位于青岛市胶州市长江路1216号。项目由中国建筑设计院名誉院长、总建筑师崔愷院士设计,由中建八局承接建设,是山东省和青岛市在更大范围、更宽领域、更深层次推动上合组织及共建"一带一路"国家资本、技术、人才深度交融的重要平台,是上合示范区标志性项目。

　　项目建筑面积16.88万平方米,融会议会展、观光旅游、商品展销、文化交流、商事服务等功能于一体,打造出了上合组织国家多元商业业态互动融合、一站式文化体验的综合新空间。

　　青岛·上合之珠国际博览中心由上合元素文化展示区、综合馆、多功能馆、中心广场四部分组成,功能丰富。上合元素文化展示区使用面积约为5354平方米,一层分为上合特色文化展示区和特色商品展销区,二层为办公区。综合馆中的A馆使用面积为1万平方米,可承接各层级会议;F馆约为5461平方米。多功能馆使用面积约为4312平方米,可举办上合特色艺术文化和特色展览活动。中心广场面积为2.4万平方米,可组织大型室外实景灯光秀。

　　青岛·上合之珠国际博览中心以市场化运作为导向,延展出"会、展、商、旅、文"五大经营特色方向,区别于传统都市商业中心、文旅商业、会展中心等运作模式,致力于打造中国首个"会、展、商、旅、文"新综合体,将成为上合组织国家多元商业业态互动融合、一站式文化体验的综合新空间。

项目总投资:36 亿元。

空间规模(占地或楼宇面积):307 亩,规划建设面积为 16.88 万平方米,招商面积为 3.10 万平方米(使用面积)。

截至 2024 年 2 月 15 日,青岛·上合之珠国际博览中心共接待政企观摩 2 500 余组,计 4.5 万余人次,并接待包括国务院总理李强,山东省委书记林武,山东省省长周乃翔,山东省委常委、青岛市委书记曾赞荣及中亚五国大使等重要参观;承接各类政商会议 70 余场;举办文体娱乐等各类型活动 100 余场;市民客流量 70 万余人次;累计收入 2 200 余万元。